21世纪汉语言专业规划教材
专业方向基础教材系列

简明实用汉语语法教程

（第二版）

马 真 著

北京大学出版社
PEKING UNIVERSITY PRESS

图书在版编目(CIP)数据

简明实用汉语语法教程/马真著. —2版. —北京：北京大学出版社，2015.1
（21世纪汉语言专业规划教材·专业方向基础教材系列）
ISBN 978-7-301-25264-2

Ⅰ.①简… Ⅱ.①马… Ⅲ.①汉语 – 语法 – 高等学校 – 教材　Ⅳ.①H14

中国版本图书馆 CIP 数据核字（2014）第 306467 号

书　　名	简明实用汉语语法教程（第二版）
著作责任者	马　真　著
责任编辑	李　凌
标准书号	ISBN 978-7-301-25264-2
出版发行	北京大学出版社
地　　址	北京市海淀区成府路 205 号　100871
网　　址	http://www.pup.cn　　新浪微博：@北京大学出版社
电子信箱	zpup@pup.cn
电　　话	邮购部 62752015　发行部 62750672　编辑部 62753374
印刷者	北京溢漾印刷有限公司
经销者	新华书店
	650 毫米×980 毫米　16 开本　12 印张　210 千字
	1997 年 2 月第 1 版
	2015 年 1 月第 2 版　2024 年 4 月第 7 次印刷
定　　价	28.00 元

未经许可，不得以任何方式复制或抄袭本书之部分或全部内容。
版权所有，侵权必究
举报电话：010-62752024　电子信箱：fd@pup.pku.edu.cn
图书如有印装质量问题，请与出版部联系，电话：010-62756370

第二版前言

《简明实用汉语语法教程》自1997年出版以来,已印刷9次,发行26000多册,而且在日本出版发行了日文译本。普遍反映,该书叙述深入浅出,通俗易懂,而且用例多而精当,练习多且类型多样,作为现代汉语语法教材确实简明实用。鉴于《简明实用汉语语法教程》出版至今已十余年,无论从内容还是用例看,都有修改的需要。为此我又进行了新的修订,在原书名后面加了"(第二版)",以示区别。这次在内容和形式两方面都有所修订,但原思路与框架不变,并保持原有特色。

在内容方面,主要有以下四处修订:

第一,复谓词组,包括连动词组、递系词组、连锁词组,是现代汉语中很具特色的词组。原教材也讲了,但不突出,特别是目录上没能体现,不少读者以为我们没有讲到它们。这次修订在第四讲第二节"主语和谓语"里,单独立了一小节,即"(三)关于复谓词组作谓语"。

第二,第五讲第四节"述语和补语"中,原先将"洗得很干净""坐得整整齐齐"跟"好得很""好得不得了"和"好极了""乐死了"放在一起,合称为"带程度补语的述补词组"。鉴于"洗得很干净""坐得整整齐齐"跟"好得很""好得不得了"和"好极了""乐死了"在结构上、在表意上都有很重要的区别,现在将它们分开了,分为两小类——将"洗得很干净""坐得整整齐齐"称为"带状态补语的述补词组";将"好得很""好得不得了"和"好极了""乐死了"称为"带程度补语的述补词组"。(详见第五讲第四节"述语和补语"中的"(六)带状态补语的述补词组"和"(七)带程度补语的述补词组")

第三,鉴于虚词在汉语中的重要作用,在第九讲"虚词"里,增加了"虚词在现代汉语中的重要作用"一节,并作为第九讲的第一节。

第四,在最后一讲,即第十讲"常见的语法错误",增加了"七、检查语法错误的两种方法"一节。检查语法错误的两种方法最早是朱德熙先生提出来的。教学实践表明,这两种检查语法错误的方法很有效,很实用,所以这次修订时增加进来了,并换用了新的例子。

在形式方面,主要有三方面修订:一是所有例句改用楷书标示,以与正文相区别;二是对词组和句子结构的层次分析,采用线条、数码加简短说明的方式来标示,不再采用框式标示法;三是不论每一节内容的多少,例句统一为每节排序。

此外,更换了若干例子;在行文上也进一步作了修改,以求更加深入浅出,通俗易懂。

最后,还需要说明一点,本书旨在让读者通过学习本书的内容获得最必要、最基础的现代汉语语法知识,掌握分析句子结构的基本方法,以有助于发现和纠正写作中不合语法规范的病句,所以与此关系不是很大的一些内容,譬如依据表达的语气与内容将句子分为陈述句、祈使句、疑问句、感叹句,就没有写入本书。

第一版的责任编辑江溶先生,第二版责任编辑李凌女士,在本书出版过程中,都付出了辛劳,在此一并表示由衷的感谢。

这次虽又作了修订,但难免还会有这样那样的问题,敬请广大读者提出宝贵意见。

马 真

2014 年 7 月

前 言

本教程是在《简明实用汉语语法》(修订版)的基础上再修订而成。

《简明实用汉语语法》成书于1981年。那时,在句法分析上主要采用两种分析法,一种是中心词分析法(也叫句子成分分析法),一种是层次分析法。这是两种不同的分析方法,它反映了人们对句法的不同认识。当时,一般的语法教材和通俗的语法读本,使用的是"暂拟汉语教学语法系统"(或与"暂拟系统"大同小异),采用的是中心词分析法。而层次分析法,虽然越来越多的人认为它符合语言实际,是一种比较好的分析方法,但多数人总感到这种分析方法只适用于语法研究,在普及性的语文教学中不宜运用。我想,层次分析法既然是符合语言实际的,那么在普及性的语法教学中应该也是能够运用的。于是,我就采用了与"暂拟系统"不同的语法体系,运用层次分析法,先后几次在北大中文系的新闻专业、古典文献专业和外语各系进行讲授,又为社会上从事新闻工作和翻译工作的一些同志进行讲授,都收到了比较好的效果。《简明实用汉语语法》一书便是那几年教学实践的成果。在该书即将付梓时,吕叔湘先生帮助审阅了书稿。

1985年,国家教委高等学校文科教材办公室将《简明实用汉语语法》一书定为教学参考书,并将它列入1985—1989年高等学校中文教学类专业教材编写计划。根据当时教学的需要和读者的意见,我于1987年对该书作了第一次修订:

1. 将原书八讲改为十讲——增加了"句法里的歧义现象"一讲;单句由原来上、下两讲改为上、中、下三讲,"单句(上)"讲主语和谓语,"单句(中)"讲宾语和补语,"单句(下)"讲修饰语和中心语。

2. 增加了练习,每讲后都附有一个练习。

3. 重写了某些部分,修改了某些说法。重要的如将数量补语改为数量宾语;在形容词部分列出了状态形容词和区别形容词两个小类;对于某些虚词的说法,也作了不同程度的改动。

《简明实用汉语语法》(修订本)自1988年出版以后,得到了国内外读者的肯定,认为本书确实"简明实用",因此有一些大学直接用它作为教材,也有一些大学将它列为教学参考书。瑞士的巴巴拉博士(Dr. Barbara Niederer)将其译成法文,在巴黎出版了本书的法文版(第九、第十两讲没有翻译)。

最近,北大中文系决定将《简明实用汉语语法》(修订本)纳入北京大学中国语言文学系列教材。为此,本书作了第二次修订。

这次修订主要有三方面:

1. 考虑到谈词类问题离不开词的语法功能,特别是各类词作句法成分的情况,所以将第二讲"词类"和第三讲"词组"对换了一下,即将"词组"列为第二讲,将"词类"列为第三讲,这样更顺理成章一些。

2. 原修订本将"小、新、好、干净、认真、正确"等和"通红、冰凉、雪白、糊里糊涂"等以及"单(单衣服)、夹(夹衣服)、公(公牛)、母(母牛)、唯一、日常、公共"等三组词都归入形容词,分别称为"性质形容词""状态形容词"和"区别形容词"。这是为了照顾传统的词类系统。事实上这三组词的语法功能是很不相同的,把它们放在一起合为一类是很不合适的。现在越来越多的人认识到,把它们分为不同的三类词,无论从语法研究或语法教学看,都是必要的。为了与现在的语法研究和语法教学接轨,在这次修订中,我们把它们分成了三类,分别叫做"形容词""状态词"和"区别词"。

3. 更换了一百多个例子,同时,对其中有关例子的解释、说明也作了相应的修改。

另外,书名也相应地更改为《简明实用汉语语法教程》。

我们衷心欢迎广大读者对本书进一步提出修改意见。

马 真

1996年12月

于北京大学中关园

目 录

第一讲 绪论	1
一、什么叫语法	1
二、为什么要学习语法	3
练习	6
第二讲 词组	7
一、偏正词组	7
二、述宾词组	8
三、述补词组	9
四、主谓词组	9
五、联合词组	10
六、关于复杂词组	11
练习	12
第三讲 词类	14
一、为什么要划分词类	14
二、现代汉语词类概貌	15
（一）名词	15
（二）动词	16
（三）形容词	17
（四）状态词	19
（五）区别词	21
（六）数词	21
（七）量词	21
（八）代词	22
（九）副词	23
（十）介词	24
（十一）连词	25
（十二）助词	26

（十三）语气词 27
  （十四）叹词 28
  （十五）象声词 28
 三、关于词的兼类 29
 练习 30

第四讲　单句（上） 32
 一、句子的构造 32
 二、主语和谓语 34
  （一）作主语的成分 34
  （二）作谓语的成分 36
  （三）关于复谓词组作谓语 39
  （四）关于主谓谓语 42
  （五）关于主谓主语 45
  （六）关于受事主语 46
  （七）关于处所主语 47
  （八）在主谓组合中要注意的问题 48
 练习 50

第五讲　单句（中） 52
 三、述语和宾语 52
  （一）述语和宾语在意义上的联系 52
  （二）作述语的成分 53
  （三）作宾语的成分 54
  （四）关于数量宾语 56
  （五）关于双宾语 57
  （六）关于施事宾语 58
  （七）在述宾组合中要注意的问题 59
 四、述语和补语 63
  （一）作述语的成分 63
  （二）补语的性质和类别 63
  （三）带结果补语的述补词组 64
  （四）带趋向补语的述补词组 64
  （五）带可能补语的述补词组 66

（六）带状态补语的述补词组 …………………………………… 67
　（七）带程度补语的述补词组 …………………………………… 68
　（八）带时地补语的述补词组 …………………………………… 68
　练习 ……………………………………………………………… 69

第六讲　单句（下） ……………………………………………… 71
　五、修饰语和中心语 ……………………………………………… 71
　　（一）汉语里的定语和状语 …………………………………… 71
　　（二）作定语的成分 …………………………………………… 72
　　（三）定语和中心语意义上的联系 …………………………… 75
　　（四）作状语的成分 …………………………………………… 76
　　（五）修饰语的层次 …………………………………………… 78
　　（六）在修饰语和中心语的组合中要注意的问题 …………… 81
　练习 ……………………………………………………………… 85

第七讲　复句 …………………………………………………… 87
　一、什么叫复句 ………………………………………………… 87
　二、复句的类型（上）——联合复句 …………………………… 87
　　（一）并列 ……………………………………………………… 88
　　（二）连贯 ……………………………………………………… 89
　　（三）对立 ……………………………………………………… 89
　　（四）选择 ……………………………………………………… 89
　　（五）递进 ……………………………………………………… 90
　　（六）分合 ……………………………………………………… 90
　三、复句的类型（下）——主从复句 …………………………… 91
　　（一）假设 ……………………………………………………… 91
　　（二）条件 ……………………………………………………… 92
　　（三）因果 ……………………………………………………… 92
　　（四）转折 ……………………………………………………… 93
　　（五）目的 ……………………………………………………… 94
　　（六）倚变 ……………………………………………………… 94
　　（七）时间 ……………………………………………………… 94
　四、多重复句 …………………………………………………… 95
　五、复句组织中要注意的问题 ………………………………… 97

（一）分句之间要有逻辑联系，脉络要清楚 ················ 97
（二）防止偷换主语 ······································ 100
（三）要正确恰当地使用关联词语 ······················ 101
练习 ··· 105

第八讲　句法里的歧义现象 ······························ 107
一、什么叫句法里的歧义现象 ································· 107
二、句法歧义的类型 ··· 108
（一）由构造层次的不同造成的歧义现象 ············· 108
（二）由句法结构关系的不同造成的歧义现象 ······· 109
（三）由语义结构关系的不同造成的歧义现象 ······· 110
三、怎样看待歧义现象？ ······································· 111
练习 ··· 113

第九讲　虚词 ·· 114
一、虚词在现代汉语中的重要作用 ·························· 114
二、把 ·· 116
三、被 ·· 120
四、对　对于 ·· 123
五、除 ·· 126
六、和　及　或（或者）　还是 ····························· 127
七、为了　因为　由于　由 ··································· 130
八、以至　以致 ··· 132
九、从而　进而 ··· 133
十、而且　况且　何况 ··· 135
十一、不管　尽管 ··· 136
十二、只有　只要 ··· 137
十三、否则 ··· 138
十四、曾经　已经 ··· 139
十五、等　等等 ··· 140
十六、所 ·· 142
练习 ··· 143

第十讲　常见的语法错误 … 145
一、搭配不当 … 145
（一）主语和谓语搭配不当 … 145
（二）述语和宾语搭配不当 … 147
（三）修饰语和中心语搭配不当 … 149
二、残缺 … 151
（一）残缺主语 … 151
（二）残缺谓语 … 153
（三）残缺宾语中心 … 154
（四）残缺必要的虚词 … 155
三、词语的位置不当 … 156
（一）修饰语位置不当 … 157
（二）前后互相对应的词语对不上号 … 158
（三）某些词语的位置跟介词的要求不合 … 158
（四）词语位置不当破坏句式的对称 … 160
四、杂糅 … 161
（一）两种格式各取一半掺杂糅合 … 161
（二）前后该用同一种句式而杂用不同句式 … 163
（三）本应分开说的两句话人为地糅在一起 … 164
五、指代不明 … 165
（一）前词语在文中没有出现或没有说清楚而用了代词 … 165
（二）前词语和代词的位置摆得不当 … 166
（三）用相同的代词指代不同的对象 … 166
（四）可看作前词语的词不止一个而代词只有一个 … 167
六、数量表达混乱 … 168
（一）讲数量减少使用倍数说法 … 168
（二）混淆含义不同的数量表达法 … 169
（三）滥用"超过计划的百分之多少"的说法 … 170
七、检查语法错误的两种方法 … 171
（一）紧缩法 … 172
（二）类比法 … 174
练习 … 175

第一讲 绪 论

一、什么叫语法

什么叫语法？语法指的是什么？通俗一点讲，语法就是说话的一种规则。汉语语法就是汉人说话所要遵循的一种规则。这种规则是客观存在的，是社会约定俗成的。请看下面四个例子：

(1) 弟弟不使钢笔。
(2) 钢笔弟弟不使。
(3) 不使弟弟钢笔。
(4) ＊不钢笔弟弟使。

这四个例子里，都包含有"弟弟""不""使""钢笔"这四个成分。但是说汉语的人都会感到例(1)(2)(3)能说，例(4)不能说。这是为什么呢？这是因为例(1)(2)(3)是按照一定的说话规则组织起来的，例(4)却是胡乱拼凑起来的。例(1)(2)(3)虽然都能说，包含的成分也相同，意思却不一样。这又为什么呢？这是因为它们所依据的具体的说话规则不同。可见，说话是有规则的，我们研究语法就是要研究这些说话的规则。

人们说话总是一句一句说的，由句子组成段落、篇章。语法研究只管到句子为止。我们在研究语法时虽然有时要考虑段落、篇章对语法的影响，但是句子以上，段落篇章的研究毕竟是属于作文法的范围。

一般人以为句子是由字组成的，我们讲语法的时候不用字作单位，而用词作单位。一个词可以是一个字，也可以不止一个字。例如已经举过的"弟弟不使钢笔"这句话，上面我们说这里包含"弟弟""不""使""钢笔"四个成分，其实就是包含四个词，若要论字则有六个。为什么说"钢笔"是一个词，而不是两个词呢？因为"钢"和"笔"这两个字结合得很紧，不容随意拆开；而"钢笔"的意义也不等于"钢"和"笔"这两个字的意义的简单相加。换句话说，"钢笔"不能说成"钢的笔"，在意思上也不等于"钢的笔"。一个"弟"字似乎也能表示"弟弟"的意思，那为什么说"弟弟"才是一个词呢？要知道，不是能表示一个意义的字就是一个词,还得看它能不能独立运用。我们从不说"弟不使钢笔""我有一个弟""弟很淘气""我喜欢弟"等。这说明"弟"虽是有意义的,但是在现代汉语里它不能独立运用;由"弟"字重叠合成的"弟弟"才能独立运用。所以,"弟弟"是一个词,"弟"不是词。"不使"虽然连在一起用,但不是一个词,一则"不"和"使"都有意义,而且都能独立运用(如"不吃""不看""不想","使钢笔""使筷子""使改锥");二则"不"和"使"结合得不紧,可以拆开(如"不怎么使""不常使"等)。总之,"不使"还能分解为更小的有意义的能独立运用的单位。所以,"不"和"使"虽然只有一个字,但本身就是一个词。可见,词是语言里最小的有意义的能独立运用的语言成分,它是造句的单位,是句子的建筑材料。

　　从上面举的例子里,我们看到,有的词只包含一个字,念起来只一个音节,有的词包含两个字,念起来是两个音节,我们把前者称为单音词,把后者称为双音词。还有包含不止两个字两个音节的,如"拖拉机""向日葵""工程师""唯物主义""北京大学""辩证唯物主义"等,这些称为多音词,现代汉语里双音词占多数,单音词也不少,多音词则比较少。

　　一般说来,词里的每一个字都有一定意义,如"钢笔"中的"钢"和"笔""工程师"中的"工""程""师"都有意义。但也有一些复音词里包含的每个字本身并没有意义,如"垃圾""葡萄"里的"垃""圾""葡""萄",本身都没有意义,"垃"和"圾"、"葡"和"萄"合起来才有意义。这就是说,有的词还可以分解为更小的有意义的单位,有的词不能。一般把前者称为合成词,把后者称为单纯词。合成词大多是复音词(如"人民""参观""电影""科学院"),也有的是单音词(如"尖儿""盖儿""门儿");单纯词则大多是单音词(如"不""使""我""人"等),也有的是复音词(如"垃圾""葡萄""玻璃""马达""阿司匹林"等)。

　　语法既包括句子的构造规则,也包括词的构造规则。因此,科学一点说,语法是一种语言组词造句的规则。就汉语来说,研究、学习句子的构造规则,要比研究、学习词的构造规则重要得多;从实用的角度说,学习汉语语法,主要是学习汉语的造句法。本教程主要讲汉语造句法。

　　本书所描写的是现代汉语普通话的语法,兼顾书面语和口语,因此所谈的语法规则,既适用于书面语,也适用于口语。

　　最后,还要提醒大家注意一点,那就是"语法"一词本身有两个含义。一是指语法本身,如"这句话不合语法""语法并不难掌握";一是指语法书或语法这门学科,如"她买了本语法""那时,朱德熙先生教我们语法"。一种语言只能有一种语法,但是讲解、说明这种语法的书可以有很多。各个语法书里所讲的语法系统或者说语法体系,可能会很不一样。这是由于研究者研究角度、研究目的、所使用的研究分析理论方法的不同,以及各人对语法的认识的深浅不一等多种因素所造成的。总之,语法本身是我们研究的对象,语法书是研究讨论语法的书,是对语法本身的分析和说明,它是帮助人们掌握这种语法的工具。

二、为什么要学习语法

有的人说,语法有什么学头,压根儿没有学过语法,一样说话、写文章。这话对不对呢?也对,也不对。说它"也对",是因为这话部分地符合事实;说它"也不对",是因为说这个话的人忽视了人们认识、掌握并自觉运用客观规律的重要性。

学一点语法知识,自觉掌握语法规则,可以更好地用以指导我们的语言实践,特别是对我们的写作有帮助。不仅可以帮助我们把话写得更通顺些,而且可以帮助我们把意思表达得更清楚、更准确些,使文章语言更富于表现力。大家都很熟悉鲁迅的短篇小说《祝福》,其中有这么一段话:

(1) 这一回她的变化非常大,第二天,不但眼睛窈陷下去,连精神也更不济了。而且很胆怯,不独怕暗夜,怕黑影,即使看见人,虽是自己的主人,也总惴惴的,有如在白天出穴游行的小鼠;否则呆坐着,直是一个木偶人。不半年,头发也花白起来了,记性尤其坏,甚而至于常常忘却了去淘米。

鲁迅先生这一段话是描写祥林嫂的急剧变化的。祥林嫂原是一个勤劳、质朴、能干、大胆的劳动妇女,她对生活充满了希望,但是在那吃人的社会里,在封建礼教这个精神枷锁的束缚下,她的希望受到了一次又一次的打击,她在土地庙捐门槛这一争取生存的最后努力被鲁四奶奶"你放着罢,祥林嫂!"一声禁令宣布了无效之后,她的最后一线希望也破灭了,这对她来说,是个多么沉重而致命的打击啊!当时,她就"脸色变作灰黑",只是失神地站着。这一回她发生了急剧的变化。上面所引的那段话正是鲁迅先生具体刻画描绘祥林嫂的这一变化的。值得我们注意的是,在这段话里鲁迅先生一连用了好些个关联词语。为什么要用那么多关联词语呢?大家知道,关联词语的作用在于显示句与句之间的逻辑联系,恰当地运用关联词语可以使句子脉络清楚,增强逻辑力量。鲁迅先生在这不长的三句话里,故意一连用了十几个关联词语("不但""连……也……""而且""不独""即使""虽""也""否则""尤其""甚而至于"等)。这样,不仅层次分明地描绘出了祥林嫂在封建制度和封建礼教打击下的急剧变化,而且渲染了一种气氛,对于刻画祥林嫂越来越衰老、胆怯、呆板、麻木的神态,收到了独特的效果。这里足见鲁迅先生语文修养之高,在用词造句上真是达到了炉火纯青的地步。

如果我们写的文章句子毛病很多,往往就不能把意思表达清楚。例如:

(2) *河北保定有位老工人,虽然已年过半百,坚持收听广播英语,然而两年下来,不但还不能会话,而且也不能自由地阅读,但可以看些外文资料了。

这是《广播电视外语讲座好》一稿中的一段话,这段话啰唆,不通畅,意思表达得含混不清。作者举出保定那位老工人收听广播英语的例子,当然是想说明广播英语讲座好,但是这个意思没有表达好。开头三个分句("河北……英语")作者还是按照这个意思说的,可是接着的三个分句("然而……阅读")似乎意在否定广播英语的效果,而最后一个分句又似乎意在肯定。这段话最主要的毛病就在于不恰当地使用了许多关联词语。下面是修改的文字:

(3) 河北保定有位老工人,已年过半百,坚持收听广播英语,两年下来,虽然还不能会话,但可以看些外文资料了。

修改后无疑要明快流畅多了("不能自由地阅读"这个意思已包含在后面两个分句里了,不必说出来)。又如:

(4) *通过调查和多方面取证,黑幕终于被揭开了,那是黑手党干的事,出面组织和收买凶手的是黑手党的一个头面人物的亲弟弟胡尔逊及其死党加尼略、克里斯、霍克迈以及一个叫B.L.P.的组织,也都参加了这起暗杀事件。

"出面组织和收买凶手的"到底是谁? 又到底是谁"也都参加了这起暗杀事件"? 这都不清楚。如果说出面组织和收买凶手的只是胡尔逊,那么应将"及其"中的"及"改为逗号(,),句子改为:

(5) 通过调查和多方面取证,黑幕终于被揭开了,那是黑手党干的事,出面组织和收买凶手的是黑手党的一个头面人物的亲弟弟胡尔逊,其死党加尼略、克里斯、霍克迈以及一个叫B.L.P.的组织,也都参加了这起暗杀事件。

如果说出面组织和收买凶手的是胡尔逊及其死党加尼略、克里斯、霍克迈，那么应将"以及"改为逗号，把"一个叫 B. L. P. 的组织"后面的逗号删去，并把"也都……"里的"都"删去，句子改为：

(6) 通过调查和多方面取证，黑幕终于被揭开了，那是黑手党干的事，出面组织和收买凶手的是黑手党的一个头面人物的亲弟弟胡尔逊及其死党加尼略、克里斯、霍克迈，一个叫 B. L. P. 的组织也参加了这起暗杀事件。

语言表达上有毛病，不仅会使文章意思含糊不清，有时甚至还会造成政治性错误。例如 1974 年 4 月 2 日《文汇报》有一条横贯一版的副标题：

(7) ＊我国党政领导人周恩来、叶剑英、陈锡联、吴德、苏振华和西哈努克亲王、宾努首相等以及首都群众到机场欢迎

同一天的《人民日报》用的是这样的副标题：

(8) 我国党、政领导人周恩来、叶剑英、陈锡联、吴德、苏振华到机场欢迎　　西哈努克亲王、宾努首相和夫人等也到机场欢迎

两个标题一比较，前者的毛病就看得很清楚了，按前一个标题，西哈努克亲王和宾努首相也成了"我国党政领导人"了。这不就大错特错了吗？这种错误是会造成不良政治影响的。可见，语言表达问题，绝不是无关紧要的小问题。

有的语病，并不造成政治性问题，也不一定会影响读者对文章内容的理解，但是有损祖国语言的纯洁和健康，这也是不能容许的。例如：

(9) ＊在洪山脚下的武铁村里，人们传说一对好婆媳的佳话。

(10) ＊为什么对于这样浪费人才的现象，至今没有引起有些部门、有关单位的重视呢？

例(9)不能说"传说……佳话"，应将"传说"改为"传诵"。例(10)什么东西"没有引起有些部门、有关单位的重视"？当然是指"浪费人才的现象"，但是由于在"这样浪费人才的现象"之前，已安上了个"对于"，这就使它失去了作主语的资格，造成主语残缺的语法错误。比较好的改法是，删去"对于"，让"这样浪费人才的现象"作主语。

近年来语言污染比较严重,不仅在学生作文中,而且在我们的报刊、书籍、影视屏幕上,在广播中,都普遍存在着语句不顺、文理不通的现象。要改变这一状况,一方面要加强"纯洁祖国语言"的宣传教育,以引起各方面,特别是宣传教育部门的注意,另一方面要普遍加强语文学习,其中包括语法知识的学习,以提高语文修养,从而使语言这个交际工具更好地为我们交流思想服务。

练 习

一、什么叫语法?为什么需要学一点语法?

二、字和词是不是一回事?试举例说明。

三、下面每句话中各包含几个词?
1. 那是一匹白马。
2. 弟弟最喜欢吃白菜。
3. 妈妈用剪刀剪布。
4. 蝈蝈不吃冰激凌。

四、单纯词是否就是单音节词?合成词是否就是双音节词?请举例说明。

五、下面这些词是单纯词还是合成词?

蛐蛐　爷爷　吝啬　纽约
犹豫　慷慨　玫瑰　崎岖
蚊子　鲫鱼　啤酒　盖儿

第二讲 词　　组

　　词组是语言中词和词按照一定的语法规则组成的语言单位。例如"学习外语""调查清楚""心情激动""热烈欢迎""报纸杂志"。词组和词一样，都是构成句子的建筑材料。

　　词和词按照不同的语法规则进行组合，就造成不同类型的词组。下面介绍现代汉语中最常见、最基本的五种词组类型。

一、偏正词组

　　请先看下面的例子：

(1) 正确意见　　　　干净衣服
(2) 木头桌子　　　　塑料口袋
(3) 绿油油的庄稼　　红红的脸
(4) 学校的房子　　　他的书
(5) 三列火车　　　　五台机器

上面各例都由两部分组成。后一部分指称某种事物。前一部分修饰限制后一部分，或说明事物的性质（如例(1)），或说明事物的质料（如例(2)），或说明事物的状态（如例(3)），或说明事物的所属（如例(4)），或说明事物的数量（如例(5)），等等。

　　偏正词组的核心在后，就是在词组的后一部分，前一部分则是对后一部分起修饰限制的作用。一般称前一部分为修饰语，后一部分为中心语。

　　下面所举的也是偏正词组：

(6) 积极劳动　　　　刻苦学习
(7) 已经出发　　　　立刻回答
(8) 很大　　　　　　非常干净

这些词组也都是前一部分修饰限制后一部分，所不同的是它们的后一部分不是指称事物，而是叙述某种行为、动作或性质。前一部分或说明动作行为的情态方式（如例(6)），或说明动作行为的时间（如例(7)），或说明性质的程度(如例(8))。为区别这两类偏正词组起见,我们管这一类偏正词组里的修饰语叫状语,管前面讲的那一类偏正词组里的修饰语叫定语。

偏正词组的定语和中心语之间有时可以插入"的",状语和中心语之间有时可以插入"地",而结构性质不变。例如:

(9) 正确的意见　　　木头的桌子
(10) 积极地劳动　　　刻苦地学习

二、述宾词组

"红花"是上面讲过的偏正词组,"红"是定语,"花"是中心语。把这个偏正词组的前一部分"红"换成别的成分,就可能出现两种情况:

A. 红花→白花
B. 红花→买花

A组的"白花"和"红花",虽然具体意思变了,但两部分的关系没有变,仍然是前一部分修饰限制后一部分,"白花"仍是偏正词组;B组的"买花"跟"红花"可不一样了,不仅具体意思变了,前后两部分的关系也变了,前一部分叙述某种动作行为(买),后一部分指明受那动作行为影响、支配的对象(花),前后两部分是支配关系。"买花"这样的词组,我们称之为述宾词组。

述宾词组也由两部分组成,前一部分表示某种动作行为,是整个词组的核心,叫述语,后一部分是动作行为影响支配的对象,叫宾语。下面举的都是述宾词组:

(1) 看电影　　　　洗衣服
　　帮助同学　　　感谢你
　　买一本　　　　洗两件
　　去工厂　　　　回学校
　　同意去　　　　希望来北京
　　开展工作　　　进行学习

述宾词组的述语和宾语之间往往可以插入"了""着""过",而结构性质不变。例如:

(2) 看电影　　看了电影　　看着电影　　看过电影
　　洗衣服　　洗了衣服　　洗着衣服　　洗过衣服
　　带孩子　　带了孩子　　带着孩子　　带过孩子

三、述补词组

"洗衣服"是述宾词组,如果把"衣服"换成"干净"。"洗干净"就是本节要介绍的述补词组了。在"洗衣服"里,"衣服"是"洗"的支配对象,"洗"和"衣服"之间是支配关系;而在"洗干净"里,"干净"是补充说明"洗"的结果的,"洗"和"干净"之间是补充关系。

述补词组也是由两部分组成,前一部分叙述某种动作行为或性质,后一部分补充说明动作行为或性质的结果、趋向、可能、状态或程度等。例如:

(1) 洗干净　　　　记清楚　　　　[结果]
(2) 爬上去　　　　拿出来　　　　[趋向]
(3) 洗得/不干净　　爬得/不上去　　[可能]
(4) 排得整整齐齐　 写得很清楚　　[状态]
(5) 漂亮极了　　　干净得不得了　 [程度]

述补词组的核心也在前一部分,我们也称之为述语,后一部分就叫补语。有的述补词组中间,包含有助词"得"(洗得干净、洗得干干净净)。有的述补词组中间虽然没有助词"得",但也往往可以插入"得",例如:

(6) 洗干净～洗得干净
　　爬上去～爬得上去

插入"得"以后还是述补词组,但表示的意思有所不同(详见第五讲第四小节的第(五)点)。

四、主谓词组

"正确意见"是偏正词组,"洗了衣服"是述宾词组,如果把这两个词组的前后两部分的次序倒一下,词组的性质就变了。"意见正确""衣服洗了"都属于本节要介绍的主谓词组。

主谓词组也由两部分组成,前一部分是陈述的对象,叫主语,一般也可以称之为"话题";后一部分是对前一部分所提出的对象加以陈述,或说明主语干什么,或说明主语怎么样,或说明主语是谁、是什么,这一部分叫作谓语。例如:

(1) 学生在学习　　他们不开会
　　意见正确　　　心情舒畅
　　书买了　　　　信写了
　　他是工人　　　你是战士
　　这是钢笔　　　那是笔记本

主语和谓语之间往往可以插入"是不是",变成一种问话形式(如果谓语动词是"是",就直接换为"是不是")。例如:

(2) 学生是不是在学习?
　　意见是不是正确?
　　书是不是买了?
　　他是不是工人?
　　这是不是钢笔?

五、联合词组

请看下面的例子:

(1) 哥哥姐姐弟弟妹妹　　　北京上海天津
　　机智勇敢　　　　　　　朴素大方
　　分析研究　　　　　　　讨论通过
　　唱歌跳舞　　　　　　　严肃活泼

上面这些都是联合词组。联合词组和前面讲过的四种词组有着明显的不同:第一,前面讲过的四种词组都是由两个部分组成的,而联合词组却可以不止两个部分,也可以三个部分,甚至可以更多;第二,联合词组是同类性质成分的并列,彼此在语法上地位平等。

联合词组各成分之间有时候没有语音停顿;有时候有语音停顿,书面上一般用顿号表示,例如"哥哥、姐姐、弟弟、妹妹""机智、勇敢""分析、研究"。

联合词组各成分之间往往可以插入某些关联成分"和""而""又""并且"等。例如:

(2) 哥哥、姐姐、弟弟和妹妹　　北京、上海和天津
　　机智而勇敢　　　　　　　朴素而大方
　　分析并研究　　　　　　　讨论并且通过
　　又唱歌又跳舞　　　　　　又严肃又活泼

以上所举的联合词组,从意义上看,各部分之间是一种并列关系。下面所举的是另一类联合词组,各部分之间是一种选择关系。请看:

(3) 工厂或者农村　　　　　　你或者他
　　去还是不去　　　　　　　小王还是小李
　　来不来　　　　　　　　　有没有

六、关于复杂词组

为了便于了解,上面我们讲各种基本的词组类型时,所举的例子都很简单,词组的组成成分一般只有一个词。但是,不要以为词组的组成成分就只能是词,其实,也可以是词组。例如,"坚持正确意见"是一个述宾词组,述语是"坚持",宾语是"正确意见",而宾语本身又是一个偏正词组,修饰语是"正确",中心语是"意见"。所谓复杂词组是指组成成分本身又是词组的那种词组。

前面我们说,偏正、述宾、述补、主谓等词组都只包含两部分,只有联合词组,有时不止包含两部分。复杂词组尽管包含的词多了,结构复杂了,可是整个词组仍然是由两部分组成的。例如:

努力提高科学文化水平

这个复杂词组,是由述语"努力提高"和宾语"科学文化水平"这两部分组成的述宾词组。而充任述语和宾语的成分本身又都是一个词组。述语"努力提高"是一个偏正词组,"努力"是状语,"提高"是中心语。宾语"科学文化水平"也是一个偏正词组,"科学文化"是定语,"水平"是中心语;而"科学文化"又是一个联合词组。现图解分析如下:

```
努力  提高  科学  文化  水平      1-2 述宾关系
    1          2              3-4 "状—中"偏正关系
 3    4    5        6           5-6 "定—中"偏正关系
              7    8             7-8 联合关系
```

通过上面的分析我们可以看到：

第一，所谓复杂词组，就是指组成成分本身又是词组的词组。

第二，偏正词组中的修饰语和中心语、述宾词组中的述语和宾语、述补词组中的述语和补语、主谓词组中的主语和谓语都是彼此对立而又互相依存的。没有修饰语也无所谓中心语，没有中心语也无所谓修饰语；没有述语也无所谓宾语，没有宾语也无所谓述语；没有述语也无所谓补语，没有补语也无所谓述语；没有主语也无所谓谓语，没有谓语也无所谓主语。偏正词组、述宾词组、述补词组、主谓词组都是分别由两个互相对立而又互相依存的句法成分所组成的对立统一体。

第三，一个复杂词组里边的各个词，从表面看都是一个挨一个地排列着，但在内部构造上有层次性，它们并不是处在同一个层面上，因此，我们在分析复杂词组时，一定要按照复杂词组的上述特点，逐层进行解剖分析，不断找出每一构造层上的直接组成成分，一直分析到词为止。这种分析方法一般称之为"直接成分分析法"，亦称"层次分析法"。

练 习

一、指出下列各个词组分别属于哪种类型？

  心情激动 考试科目 有能力
  坚持原则 热烈欢迎 我不懂
  教育事业 教育干部 看不懂
  学习语法 学习态度 看不看
  调查重要 调查提纲 调查清楚
  不怕牺牲 牺牲精神 牺牲生命
  长势喜人 中国北京 首都北京
  他哥哥 他怎么样 北京上海
  条件很好 觉得很好 演得很好
  总结经验 实践经验 云南昆明

二、什么叫复杂词组？什么叫层次分析法？

三、用层次分析法分析下列复杂词组。

  1. 劳动人民创造历史
  2. 大家努力学习科学知识

3. 全部、干净、彻底地消灭入侵的敌人
4. 广大人民的利益
5. 保护人民的利益
6. 镇压人民的刽子手
7. 恢复停刊的晚报

第三讲　词　　类

一、为什么要划分词类

语言里有许许多多的词，它们是句子的建筑材料，我们说的每一句话，都是由它们"建造"成的。而不同的词在造句中所起的作用是各不相同的，这如同钢筋、水泥、木料、砖瓦、铁钉这些建筑材料在盖房子中所起的作用各不相同一样。请看下面三组词：

A. 看　拿　了解
B. 书　工具　情况
C. 刚　马上　很

A组词和B组词可以结合，这有两种情况：一种是A组词在前B组词在后，构成支配关系，B组词充任A组词的宾语。例如：

(1) 看书　拿工具　了解情况

另一种是B组词在前A组词在后，构成陈述关系，B组词充任主语，A组词充任谓语。例如：

(2) 书看(了)　工具拿(了)　情况了解(了)

A组词也可以和C组词结合，但只有一种情况，那就是只能C组词在前A组词在后，构成修饰关系，C组词充任修饰语(状语)，A组词充任中心语。例如：

(3) 刚看　马上拿　很了解

B组词和C组词不能结合，我们不说：

(4) *书刚　*工具马上　*情况很

可见，这A、B、C三组词在造句中所起的作用是不同的。如果我们按上面所讲的组合标准，就可以把它们分为三类不同性质的词。从这里我们可以认识到，所谓词类就是词的语法分类，换句话说，词类就是根据词的语法功能，即词在造句中的作用所划分出来的词的类别。词类是客观存在的。

根据词在造句中的作用给词分类,建立"词类"的概念,这是非常必要的。这有利于我们在语法研究和语法教学中分析、描写、说明各种语法规则。如上面我们所举的三组词,如果明确地把它们分为三类,管 A 组词叫动词,B 组词叫名词,C 组词叫副词,那么我们描写"看书""拿工具"这一类词组时就可以这样说:这些词组是表示支配关系的述宾词组,述语由动词充任,宾语由名词充任。如果不建立词类的概念,描写起来就会很啰唆、很麻烦了。

给词分类,还有助于我们更好地了解、掌握各类词的语法特点,以便更准确地使用它们。下面这些病句都是由于不了解不同词类的词的语法性质而造成的:

(5) *我们永远记忆周总理同地质战士多少次促膝谈心的音容笑貌,永远记忆周总理同野外地质队员一起,徒步穿行在高山深谷的雄姿。

(6) *影片主要以一千多年前日本留学僧普照来我国求学佛法和鉴真大师东渡传经为线索来结构故事。

(7) *老人家很感触地说:"这就是小柱儿的爷爷当年扛过的红缨枪。"

例(5)的"记忆",例(6)的"结构",都该属上文所讲的 B 类词,即名词,它们不能带宾语。例(7)的"感触"也属名词,不能修饰动词"说",宜改成"很感慨地说"。

可见,划分词类不仅是可能的,而且是必要的。

二、现代汉语词类概貌

划分词类主要根据词的语法功能,即词在造句中所起的作用,而这样分出来的类,在语法意义上也必然有共同性。

根据词的语法功能,我们把现代汉语中的词分为十五类,现分别介绍如下:

(一) 名词

名词指称事物。例如:

(1) 书　　桌子　　学生　　工人

　　　　思想　友谊　感情　作风

所谓事物,可以是具体事物,如"书、桌子、学生、工人"等;也可以是抽象事物,如"思想、友谊、感情、作风"等。某些表示时间或方位处所的词也是名词,例如:

(2)　以前　今后　去年　现在　明天　元旦
　　　东　　南　　里　　外　　上边　后面
　　　美洲　德国　昆明　南京　西单　王府井

名词经常作主语("学生在学习""书买了")、宾语("看书""买桌子"),可带定语("好学生""新书");名词一般不能作谓语,不能受"不""很"这类词的修饰(不能说"不学生、不书、很学生、很书"),不能作补语,一般也不作状语。

汉语名词一个很重要的特点,那就是可以直接受名词修饰,也可直接修饰名词。例如:

(3)　汉语语法　　　　语法书
　　　国民经济　　　　经济政策
　　　钢铁工人　　　　工人宿舍
　　　工业产品　　　　产品质量
　　　技术干部　　　　干部队伍
　　　农民群众　　　　群众干劲
　　　商业学校　　　　学校老师

(二) 动词

动词表示动作、行为、存在、变化或意愿。例如:

(4)　读　　写　　修理
　　　学习　讨论　访问
　　　想　　喜欢　热爱
　　　是　　成为　有
　　　能　　会　　应该

动词能作谓语,如:

(5)　他写　我喜欢　他会

能带状语,如:

(6) 认真读　仔细想　正在修理

能受否定词"不"的修饰,如:

(7) 不写　不学习　不想　不修理

除少数表示心理活动的动词(如"想、喜欢、爱、恨"等)外,一般不能受表示程度的"很""挺"这类词的修饰,譬如不能说:

(8) ＊很写　＊很读　＊很学习　＊很修理

大多数动词都能带宾语。例如:

(9) 写文章　　　读小说
　　有两个弟弟　是我的老师
　　能说　　　　应该去

只有少数动词不能带宾语,如"咳嗽、合作、示威、游行、游泳、哀鸣"等。一般把能带宾语的动词称为"及物动词",把不能带宾语的动词称为"不及物动词"。说及物动词能带宾语,这并不意味着它在句中出现的时候必须老带着宾语,而是说可以带宾语。

许多动词可以重叠,单音节动词的重叠形式是"写写、说说、看看";双音节动词的重叠形式是"学习学习、讨论讨论、商量商量"。

(三) 形容词

形容词表示性质。例如:

(10) 小　　新　　好　　干净
　　 认真　正确　仔细　结实

形容词能作谓语,如:

(11) 这房子小　那本书新　这个苹果甜　那地方安静

能作定语,如:

(12) 好学生　新办法　干净衣服　新鲜蔬菜　正确态度

能作补语,如:

(13) 说清楚　　洗干净　　看明白
　　 说得正确　洗得干净　看得仔细

有一部分形容词能作状语。如：

（14）快离开　　多研究　　空议论　　乱指挥
　　　认真对待　仔细阅读　严肃处理　迅速离开

但形容词不能带宾语。

形容词和动词一样能受否定词"不"的修饰，如：

（15）不甜　　不苦　　不圆　　不尖　　不笨
　　　不干净　不认真　不快乐　不懒惰　不平凡

但是，形容词还能受"很"的修饰，这与动词不同。例如：

（16）很高　　很小　　很红　　很亮　　很轻
　　　很结实　很聪明　很能干　很严肃　很简单

形容词也能重叠，但和动词不同：

第一，重叠方式不同。单音节形容词重叠有两种形式：一是不儿化，第二个音节读原调。如：

（17）高高　轻轻　慢慢　好好　小小

二是儿化，第二个音节读阴平调。如：

（18）高高儿　轻轻儿　慢慢儿　好好儿　小小儿

单音节动词重叠只有"V·V"一种形式，如"想想""看看""尝尝"等，第二个音节读轻声。

双音节形容词重叠形式是"AABB"，如"干干净净""整整齐齐""认认真真"等，每个音节读原调。双音节动词重叠形式是"A·BA·B"，如"讨论讨论""商量商量""研究研究"等，第二、第四两个音节读轻声。

以上区别可列如下表：

	单 音 节	双 音 节
形容词	1. AA（不儿化，第二个音节读原调） 　　好好　慢慢　甜甜 2. AA儿（儿化，第二个音节读阴平） 　　好好儿　慢慢儿　甜甜儿	AABB（各音节都读原调） 干干净净　整整齐齐 认认真真　健健康康
动　词	V·V（不儿化，第二个音节读轻声） 　　想想　看看　尝尝	A·BA·B（二、四音节读轻声） 　　讨论讨论　商量商量

第二，动词重叠后仍是动词，因为它们仍然能受"不"的修饰，仍然能带宾语。例如：

(19) 你为什么不看看呢？　　　　　[受"不修饰"]
　　　你们俩不考虑考虑就写上了？　[受"不修饰"]
　　　星期天就看看小说,听听音乐。　[带宾语]
　　　希望你们再考虑考虑这个问题。　[带宾语]

可是形容词重叠后语法性质就变了，不再是形容词了。(详见下一小节"状态词")

(四) 状态词

状态词表示状态。"通红、雪白、冰凉、稀烂、喷香、蜡黄、贼亮、笔直、漆黑、滚烫"等从表面看，很像形容词，其实跟形容词的语法性质并不相同，很突出的一点是，它们不能受"不"和"很"的修饰，我们不能说：

(20)　*不通红　*不雪白　*不冰凉　*不稀烂　*不喷香

我们也不能说：

(21)　*很通红　*很雪白　*很冰凉　*很稀烂　*很喷香

此外，这些词作补语时，述补词组一定要带"得"。试比较：

(22)　染红　　　刷白　　　吹凉
　　　染得红　　刷得白　　吹得凉
(23)　*染通红　*刷雪白　*吹冰凉
　　　染得通红　刷得雪白　吹得冰凉

例(22)是形容词作补语，可带"得"，可不带"得"(当然带"得"不带"得"意思有区别)；例(23)是"通红"一类词作补语，一定得带"得"。

从语法意义上看，这些词也跟形容词不同。形容词表示性质，这些词都表示状态。我们把这些词从传统的形容词中分出来，称它为"状态词"。下面各组词也属于状态词：

　　A. 红通通　　黑黢黢　　灰蒙蒙　　绿油油　　亮晶晶
　　B. 黑咕隆咚　灰不溜秋　白不呲咧　傻了吧唧
　　C. 干干净净　老老实实　整整齐齐　漂漂亮亮
　　D. 马里马虎　糊里糊涂　小里小气　古里古怪

E. 通红通红　雪白雪白　贼亮贼亮　碧绿碧绿

在一般语法书上,将 A、B 两组称作形容词的生动形式,将 C 组称作双音节形容词完全重叠式,将 D 组称作双音节形容词不完全重叠式,将 E 组也称作双音节形容词的完全重叠式,都不说明它们的词性,其实从语法功能上看,它们都属于状态词。

再看下面的两组词:

A. 好好(儿)　慢慢(儿)　远远(儿)　轻轻(儿)
B. 扁扁(儿)　酸酸(儿)　矮矮(儿)　弯弯(儿)

在一般语法书上,将 A、B 两组都称作单音节形容词重叠式,也不说明它们的词性。其实从语法功能上看,A 组能作状语,而且只能作状语。例如:

(24) 好好(儿)学习　　慢慢(儿)走
　　 远远(儿)望去　　轻轻(儿)敲

显然,从语法功能上说,A 组相当于后面要讲的副词。而 B 组不能作状语,而且什么句法成分都不能作,实际上不成为词。

值得注意的是,不论 A 组还是 B 组,后面带上"的",语法功能就一样了。试以"好好(儿)的"和"扁扁(儿)的"为例,它们都能作谓语。例如:

(25) 他身体好好(儿)的
　　 那虫的身体扁扁(儿)的

也能作补语(述补词组要带"得")。例如:

(26) 每件事她都安排得好好(儿)的
　　 他把球压得扁扁(儿)的

也能作定语,例如:

(27) 好好(儿)的衣服　　扁扁(儿)的身体

它们都不能受"不"和"很"的修饰,不能说:

(28) ＊不好好(儿)的　　＊不扁扁(儿)的
　　 ＊很好好(儿)的　　＊很扁扁(儿)的

显然,从语法功能上看,不论是"好好(儿)的"那一类,还是"扁扁(儿)的"那一类,也都属于上面讲的状态词,可以称之为"带'的'的状态词"。

（五）区别词

区别词起区别事物的作用。下面这些词，一般的语法书也都把它们看作形容词：

公　母　雌　雄　荤　素　单　夹　本（～地区）　温（～开水）
粉（～牡丹）　紫（～颜色）　唯一　所有　公共　微型　急性
慢性　彩色　黑白　切身　初等　高等　国营　野生　日常

其实，从语法功能上看，它们既不同于形容词，也不同于上面讲的状态词。它们的语法功能很窄，只能或作定语（如"公骆驼""母骆驼""单衣服""所有国家""彩色电视"等），或与"的"组合（如"公的""母的""单的""夹的""所有的""彩色的"等）。这些词在意义上有区别事物的作用，所以我们把它们单独分出来，称为"区别词"。

（六）数词

数词有基数词和序数词两小类。基数词表示数目的多少，如"一""三""十"等；序数词表示事物排列次序的先后，如"第一""第二""第四""第五十六"等。

汉语中最基本的基数词有以下一些：

一　二　两　三　四　五　六　七　八　九　十　零　半　　［个数词］
十　百　千　万　亿　兆　　　　　　　　　　　　　　　　　［位数词］

汉语中所有的数目都由这些基数词构成，不管是整数（如"十四""四十""一百五十六"）、分数（如"二分之一""百分之九十四"），还是小数（如"零点二""三点一四一六"）。

序数词头上大都有"第"（如上面所举的"第一""第二"），也可以没有"第"，在形式上跟一个表示整数的基数词一样。例如：

(29) 三年级（＝第三个年级）　　五层楼（＝第五层楼）
　　　五十三号（＝第五十三号）　公元二零一一年（＝公元第二零一一年）

（七）量词

量词用来表示计量的单位。

在汉语中，无论说明事物的数量、行为动作的数量、时间的数量，也无论说明事物的次序先后、行为动作次序的先后、时间的次序先后，一般都不能只用一个数词来表示，一定得用上一个表示计量单位的词，即本小节所要说的"量词"。例如：

(30) 三本书(＊三书)　　五个学生(＊五学生)
　　 去了三次(＊去了三)　玩儿了两回(＊玩儿了两)
　　 住了三年(＊住了三)　工作了三天(＊工作了三)

汉语里的量词可以分为四小类：

1. 名量词，表示事物的计量单位，包括度量衡单位，如：

(31) 个　支　条　张　块　封　只　副　首［事物计量单位］
　　 公斤　斤　千克　克　米　毫米　千米　立方米　升［度量衡单位］

2. 动量词，表示行为动作的计量单位，如：

(32) 次　下　遍　回　趟　番

3. 时量词，表示时间的计量单位，如：

(33) 年　天　时　点钟　分　分钟　秒

4. 复合量词，表示一种复合的量。常见的如：

(34) 架次　吨公里　千米小时　秒立方

"架次"专用来说明飞机出动情况——一架飞机出动一次叫"一架次"。"十架次"可以指一架飞机出动十次，也可以指两架飞机出动五次，也可以是十架飞机出动一次，等等。"吨公里"是指货物运输情况——"一吨公里"是指一吨货物运输一公里。"千米小时"用来说明时速，"秒立方"用来说明水流量。

从语法上看，量词的最大的特点是，它只能跟数词或指示代词"这""那"或疑问代词"哪"相结合。例如：

(35) 三个　这个　那个　哪个
　　 三次　这次　那次　哪次
　　 三天　这天　那天　哪天

（八）代词

代词起称代或指示作用。按照指代意义的不同，分为以下三种：

人称代词：我　你　他　我们　咱们
　　　　　你们　大家　别人　自己　人家

指示代词：这　那　这里　那儿　这么　这么样　那么样
疑问代词：谁　什么　几　多少　哪　哪里　怎么　怎么样
疑问代词除表示疑问外，还有两种非疑问用法：
第一，表示任指（强调所说无例外，全部如此）。这时，句子里必须有"都"或"也"跟它呼应，例如：

(36) 谁都知道。
　　 什么也不懂。

第二，表示虚指，即用疑问代词来指称不愿意指明或不能确定的人、事物或行为动作、性状等。例如：

(37) 这件事我听谁说起过，但记不起来了。
　　 他嘴微微张了张，好像要说什么。
　　 他知道怎么做，但他不告诉我。

（九）副词

副词的语法功能很窄，只能作状语，如"更""又""稍微""格外"，它们在句子里，除了作状语（如"更高""又来了""稍微热一点""格外晴朗"）外，别的什么也不能作。这跟形容词很不一样。有的形容词根本不能作状语，如"伟大""美丽""干净"等；有的形容词，如"高""认真""正确"等虽然也能作状语（"高唱凯歌""认真学习""正确对待"），但是，它们还能作谓语、定语、补语等，跟副词不一样。因此，副词是只能作状语的一类词。换句话说，在现代汉语里不是能作状语的词就是副词，而是只能作状语的词才叫副词。有个别例外，那就是副词"很"和"极"，除作状语外，还能作补语，如"好得很""热极了"。但是，这是极个别的现象，不足以影响整个副词的语法特点。

从副词所表示的意义看，副词可分为以下几小类：

1. 表示程度，一般称为"程度副词"。例如：

(38) 很　太　最　更　非常　格外　稍微

2. 表示范围，一般称为"范围副词"。例如：

(39) 都　统统　一共　只　仅仅

3. 表示时间，一般称为"时间副词"。例如：

(40) 刚　刚刚　就　才　立刻　马上　常常　往往
　　　一向　偶尔　已经　曾经　逐渐　忽然　终于

4. 表示否定，一般称为"否定副词"。例如：

(41) 不　没(有)　别　甭

5. 表示重复连续，一般称为"频度副词"。例如：

(42) 又　还　再　再三

6. 表示语气，一般称为"语气副词"。例如：

(43) 却　偏　偏偏　难道　简直　究竟　居然　反正

7. 表示方式，一般称为"方式副词"。例如：

(44) 悄悄　暗暗　亲自　一齐　相互　死死

有的副词只表示一种意思，如"很、简直、立刻、仅仅"等；有的副词可以表示多种意思，如"还"，既能表示时间(还没有来)、程度(我比他还高)，又能表示重复(还要一杯)、语气(你还大学生呢)。

(十) 介词

介词主要是指以下一些词：

按　按照　把　被　本着　比　趁　除　从　当　对　对于　给
根据　关于　和(跟 同 与)　据　距　连　让　使　替　往　为　向
以　用　由　于　在　自　自从

现代汉语里的介词大都是由古代汉语里的动词虚化来的，但跟动词已有很大的不同：

第一，介词不能单说，也不能单独充任主语、谓语等成分，它后面必须跟上一个别的成分(大多是名词性成分)，组成介宾词组，一般叫介词结构，如"把书""从天津""由你"等。

第二，介词结构本身也不能单说，或单独作谓语，如我们不能说"我把书""车被你""我从天津""他对于学生"。

但是，也有不少还没有完全虚化，至今还是兼属动词和介词两类。例如下边举的"在、到、给、跟、比"等词在 A 组各句里是动词，在 B 组各句里是介词：

A	B
爸爸在姥姥家呢。	在纸上写了个"福"字。
他昨天已经到上海了。	到哪儿去找啊？
给了他一幅画。	给他看孩子。
你得跟着你爸爸。	他跟谁说话来着。
咱们比一比。	我比他跑得慢。

介词结构在句子里主要作状语，以介绍出跟动作、行为、性质有关的事物、时间、处所、方式、范围等。例如：

(45) 把书买来了　　为人民服务
　　 对工作负责　　从今年开始
　　 在北京学习　　用笔写字
　　 按照你的办法做　在全体同学中宣布

所有的介词结构都能作状语。有一部分介词结构还能作补语。例如：

(46) 生在北京　来自全国各地
　　 拖到明年　生于1959年

有一部分介词结构带上"的"能作定语。例如：

(47) 对工作的态度　关于这个问题的意见

(十一) 连词

连词是用来连接词、词组、分句乃至句子的虚词，按照连接的成分的不同，连词可分为三类：

1. 只能连接词、词组，不能连接分句或句子，如：

(48) 和　跟　同　与　及　或

2. 只能连接分句或句子，如：

(49) 不但　不管　即使　既然　假如　尽管　宁可
　　 尚且　虽然　无论　要是　因为　由于　与其
　　 只要　只有　不过　然而　否则　何况　可是
　　 但是　况且　从而　所以　因此　因而

3. 既能连接词、词组，又能连接分句或句子，如：

（50）并　并且　而　而且　或者　还是

　　从连词所表示的关系看,有的表示因果关系,(如"因为、由于、所以、因此"等),有的表示假设关系(如"假如、如果"等),有的表示让步关系(如"虽然、固然、尽管"等),有的表示让步假设关系(如"即使、哪怕、就是"等),有的表示条件关系(如"只有、只要、不论、不管"等),有的表示并列关系(如"和、跟、同、与、以及"等),有的表示选择关系(如"或、或者、还是"和"与其、宁可"等),有的表示递进关系(如"并且、而且"等),有的表示转折关系(如"但是、可是、然而、而"等)。

(十二) 助词

　　助词附在词或词组后面表示一定的结构关系或附加某种语法意义。助词可分为结构助词和时态助词两小类。

　　常用的结构助词有"的""地""得""所"。

　　"的"和"地"附在修饰语后头。定语之后用"的",状语之后用"地"。例如：

（51）聪明的孩子　　今天的作业　　弟弟写的字

（52）爽快地答应了　　细细地看　　万分地高兴

　　"的"字还有一种用法,附在名词、动词、形容词、区别词或词组之后,组成名词性的"的"字结构。例如：

（53）木头的　铁的　　塑料的　　不锈钢的　毛料的

（54）吃的　　参加的　骑车的　　写完了的　跑得最快的

（55）大的　　年青的　干净的　　积极的　　宽敞的

（56）男的　　女的　　粉的　　　野生的　　微型的

（57）我写的　他画的　奶奶做的　妈妈买的　学生自己做的

"的"字结构指代事物,具有名词的语法作用。它可以作主语。例如：

（58）木头的不结实

　　　吃的准备好了

　　　年轻的不多

　　　跑得最快的是小李

　　　写完了的可以先走

也可以作宾语。例如：

(59) 我用旧的。
　　 他是刚来的
　　 我买大的。

"得"用于述语和补语之间。例如：

(60) 说得透彻
　　 打扫得很干净
　　 笑得直不起腰来

"所"附在及物动词之前，组成名词性"所"字结构。例如"所说"（说的话）、"所见"（看到的东西）、"所述"（叙述的东西）。在现代汉语里，"所"字结构单独作主语或宾语的情况已很少见，更常见的是，"所"与"的"配合使用。例如：

(61) 他没有去过那里，所说的只是从诗赋中得来的印象。　〔作主语〕
　　 这半年来，我们所见的，却只有他的静默而已。　　 〔作主语〕
　　 至于建桥方案，一致同意采用林芳所设计的。　　　〔作宾语〕
　　 她所经受的压力真是难以想象。　　　　　　　　　〔作定语〕

时态助词有"了""着""过"三个。它们主要附在动词之后，"了"表示完成或实现，"着"表示持续，"过"表示有某种经历。例如：

(62) 下了班　　写了三千字
(63) 开着会　　谈着话
(64) 学过英语　去过大连

(十三) 语气词

语气词主要用在句尾表示某种语气。常用的语气词有"啊、啦、吧、吗、呢、了、罢了"等。例如：

(65) 多大的变化啊！
(66) 他来啦！
(67) 快去吧！
(68) 好用吗？
(69) 怎么办呢？
(70) 他已经吃过饭了。
(71) 我只是说说罢了。

语气词也可以用在句中,主要是在主语和状语之后。例如:

(72) 他呀,早就想走了。
　　他现在精神很好,身体呢,还比较弱。
　　对小王啊,就得有耐心。
　　关于这个问题嘛,我们下一次再讨论。

(十四)叹词

叹词,总是单独成句(包括分句),或表示强烈感情或专门用来呼唤应答。如"啊、唉、呸、哼、哎哟、哦""喂、嗯"等。叹词不跟别的词组合。例如:

(73) 唉!八年了。
(74) 呸!真不要脸!
(75) 哼!看你还有什么花招!
(76) 哎哟,我脚崴了。
(77) 喂,你是张金龙吗?
(78) 嗯,就这样吧。

(十五)象声词

摹拟声音的词,也称为"拟声词",如"轰轰、噼噼啪啪、叮叮当当"。象声词可以单独成句。例如:

(79)"丁零零零……"忽然,电话铃响了。

也可以作状语,例如:

(80) 机器轰轰响　　马铃儿叮当响

也可以带上"的"作定语,例如:

(81) 噼噼的鞭炮声　　哗啦啦的流水

在上述十五类词中,一般称名词、动词、形容词、状态词、区别词、数词、量词、代词等八类为实词,它们表示的意义比较实在,而且都能充任句法结构里的主要成分;而把副词、介词、连词、助词、语气词等五类称为虚词,虚词意义不像实词那么实在,又不能作主语、谓语、述语、宾语、中心语等主要句法成分。在实词中,名词、动词、形容词、状态词是比较重要的词类,其中动词、形容词、状态词在语法性质上相对说来比较接近,为在语法研究和语法教学中叙述的方便，一般将动词、形容词、状态词合称为"谓词"，相应的将名词称为"体词"。

叹词和象声词既不同于实词，也不同于虚词，一般不把它们归入实词或虚词里边，将它们看作是特殊的一类词。

三、关于词的兼类

词类是根据词的语法功能划分出来的类别，同类词都具有某些共同的语法功能，不同类的词都具有互相区别的语法功能。

语言里大多数词都可以按照语法功能的异同分别归入不同的词类。但是，有少数词既具有这类词的语法功能，又具有那类词的语法功能。这种现象一般称为"词的兼类"，将兼属不同词类的词称为"兼类词"。

兼类词有不同类型。下面举些实例。

自动——能作状语（如"自动打开"），能作定语（如"自动阳伞"），而且也只能做这两种句法成分；而作状语和作定语时意思一样，都是"不凭借人为力量"的意思。按语法功能"自动"兼属副词和区别词。类似的如"高速"（作状语，如"高速发展信息产业"；作定语，如"高速公路"）、"长期"（作状语，如"她长期不上班"；作定语，如"这是一笔长期贷款"）等。

丰富——当"丰富"不带宾语时，是形容词，能受程度副词"很"修饰；当"丰富"带宾语时，是动词，这时不能受程度副词"很"修饰。而不管是作形容词还是动词，都是"种类多数量大"的意思。类似的如"团结""清醒""坚定"（如"坚定我们的信心"）等。

编辑——动词兼名词。作动词用表示某种行为，可以带宾语（如"编辑两期刊物"），可以带补语（如"副刊已经编辑完了"），可以受否定副词"不"的修饰（如"她不编辑这类书"）；作名词用通常指人，可以作主语（如"编辑是谁？"），可以受数量词修饰（如"两位编辑"）。类似的如"导演""代表"等。

锁——动词兼名词。作动词用表示动作，可以带宾语（如"只锁了房门"），可以受否定副词"不"的修饰（如"自行车锁不锁？""不锁。"）；作名词用表示事物，可以作主语（如"锁已经买了"），可以受数量词修饰（如"三把锁"）。类似的如"犁""磨"等。

科学——名词兼形容词。作为名词表示一种抽象事物，可以作主语（如"科学是一把双刃剑"），可以受数量词修饰（如"你说的也是一门科学？"），可以直接修饰名词（如"科学知识"），也可以直接受名词修饰（如"自然科学"）；作为形容词，表示性质，可以受程度副词"很"或否定副词"不"的修饰（如"很科学""不科学")。类似的,如"道德""规矩"等。

要注意将兼类词跟同音词区别开来。请看下面的例子:

(1) 会$_1$:会唱歌　　　[动词]
　　 会$_2$:开一个会　　[名词]
(2) 花$_1$:花钱　　　　[动词]
　　 花$_2$:一朵花　　　[名词]
(3) 白$_1$:白纸　　　　[形容词]
　　 白$_2$:白跑了一趟　[副词]

"会$_1$"和"会$_2$"、"花$_1$"和"花$_2$"、"白$_1$"和"白$_2$",读音相同,但语法功能不同,而意义又毫无联系,它们根本是两个不同的词,不是一个词兼属两类。可见,兼类词是指意义相同或相关但具有不同词类特性的词,同音词则是语法功能不同,意义上没有联系,只不过读音相同的两个词。

练　习

一、为什么要划分词类?划分词类主要根据什么?

二、指出下列各个词分别属于哪个词类?

思想	热爱	动作	改造
热烈	行为	认为	具体
语言	论据	快乐	有
用	用意	用功	是
重视	重量	重要	重新
稍微	轻微	的确	确实
马上	马虎	因为	因素
弹性	任性	原因	保卫
勇敢	勇气	勇于	对于
刚才	刚刚	忽然	偶然

三、在下面括号里填上适当的量词(最好不重复)。

一(　)牛　　一(　)猪　　一(　)马
一(　)灯　　一(　)刀　　一(　)山
一(　)门　　一(　)树　　一(　)车
一(　)墙　　一(　)棋　　一(　)水

一（　　）轮船　　一（　　）箱子　　一（　　）货物
一（　　）被　　　一（　　）井　　　一（　　）脾气
一（　　）大炮　　一（　　）飞机　　一（　　）草鞋
一（　　）拖拉机　一（　　）机关枪　一（　　）评论
一（　　）歌曲　　一（　　）彩霞　　一（　　）国旗
一（　　）子弹　　一（　　）画　　　一（　　）花儿

四、辨别下列各句中带点的词属于什么词类。
    1. 永不骄傲。
    2. 必须记住。
    3. 为人民服务。
    4. 十尺为一丈。
    5. 我给他一本书。
    6. 我给他当翻译。
    7. 把书给他。
    8. 把着门不让进。
    9. 买了一把锁。
    10. 门锁了没有？

五、什么叫"兼类词"？什么叫"同音词"？词的兼类现象跟词的同音现象最本质的区别在哪里？

六、下面各例中带点的词是同音词，还是兼类词？
    1. A. 要对学生负责任。
       B. 这样做很对。
       C. 对一下答案。
    2. A. 应该具有全心全意为人民服务的精神。
       B. 他显得很精神。
    3. A. 我等你。
       B. 我到商店买了些纸、笔、圆规、橡皮等。
       C. 他坐的二等舱。
    4. A. 顺这条路走。
       B. 别顺着他。
       C. 思路很顺。
    5. A. 住中关园的好处是交通方便。
       B. 商店都应考虑怎样方便群众。

第四讲 单 句(上)

我们说话,总是一句一句说的,是以句子作为交流思想的基本表述单位,因为只有句子才能表达一个相对完整的意思。每一句话都带有一定的语调,表示某种语气;一句话完了,有一个较大的停顿,书面上就用句号(。)、问号(?)或叹号(!)来表示。例如:

(1) 爸爸回来了。
(2) 爸爸回来了?
(3) 爸爸回来了!

句子可分为单句和复句。本书第四讲、第五讲和第六讲谈单句,第七讲谈复句。

一、句子的构造

通常一个句子包含主语和谓语两个部分,例如:

(1) 老师教。

"老师"是主语,"教"是谓语。这种具备主语和谓语两部分的句子一般叫作主谓句。

上面这个主谓句比较简单,主语和谓语都分别只由一个词充任。如果要表示复杂一点的意思,主语、谓语就得分别由词组来担任。例如:

(2) 新来的老师教中国地理。

这句话就比较复杂了,但还是主谓句。这个句子的主语"新来的老师"是一个偏正词组,"老师"是中心语,"新来"是定语;而作定语的成分本身又是一个偏正词组,"来"是中心语,"新"是状语。这个句子的谓语"教中国地理",是一个述宾词组,"教"是述语,"中国地理"是宾语;而作宾语的成分又是个偏正词组,"地理"是中心语,"中国"是定语。这个句子所表示的意思比上面那个句子复杂、具体多了。如果我们还想在一句话里同时表达那新来的老师以什么态度进行教学,希望达到什么要求等意思,那就得说成:

(3) 新来的老师努力教好中国地理。

这一来,谓语又复杂一点儿了,它还是个述宾词组,但是作述语的成分("努力教好")不是个单词了,而是一个复杂的偏正词组了——"努力"是状语,中心语是"教好";而这个中心语本身又是个述补词组,"教"是述语,"好"是补语。

可见,一个句子如果要表达比较复杂的意思,往往就包含主语、谓语、述语、宾语、补语、定语、状语、中心语等多种句法成分。但是,必须明了一点,任何一个句子在内部构造上都是有层次的,因此句子里所包含的多种句法成分,并不是处在同一个平面上的,而是按照一定的语法规则一层一层地进行组织,最后成为一个句子。而在每一个层次平面上,一般都只包含两个互相对立而又互相依存的句法成分。在第二讲里,我们曾经指出,分析复杂词组要用层次分析法;这里还需强调,分析一个复杂的句子时,也要用层次分析法。上面这个句子,如果用层次分析法来分析一下,其内部的层次构造就可以看得很清楚。请看:

```
新    来的  老师  努力  教  好  中国  地理。
     1                 2
   3       4      5         6
7    8          9    10   11    12
                     13    14
```

1-2 主谓关系
3-4 "定—中"偏正关系　5-6 述宾关系
7-8 "状—中"偏正关系　9-10 "状—中"偏正关系　11-12 "定—中"偏正关系
13-14 述补关系

句子通常包含主语和谓语。我们称主、谓齐全的句子为主谓句。但是句子不一定总是包含主语和谓语。例如:

(4) 出太阳了。
(5) 别动!
(6) 已经回来了。
(7) 辣得眼泪都掉下来了。

从句子这个平面上看,例(4)只包含述语("出")和宾语("太阳"),例(5)只包含状语("别")和中心语("动"),例(6)也只包含状语("已经")和中心语("回来了"),例(7)只包含述语("辣得")和补语("眼泪都掉下来了")。这些句子都不是主谓句,我们称这类句子为非主谓句。但上面这四个句子又可以分两种情况:例(4)、例(5)是一种情况,它们可以不倚赖上下文而表达比较明确、完整的意思,有人称这种句子为无主句;例(6)、例(7)是另一种情况,它们只有在一定的上下文里才能表达一个比较明确、完整的意思,有人称这种句子为不完全主谓句,即看作是承前省略主语的主谓句。

有的句子,甚至就只包含一个词,谈不上包含什么句法成分。例如:

(8) 蛇!
(9) "谁?""我。"

这种句子一般称为独词句。独词句也属于非主谓句。

下面,我们分别介绍句子里各种相关的句法成分。

二、主语和谓语

(一) 作主语的成分

名词性词语、代词经常作主语,因为我们说话时经常拿人或物作话题。 例如:

(1) 中国有悠久的历史。　　　　〔名词〕
(2) 太阳出来了。　　　　　　　〔名词〕
(3) 我们热爱祖国。　　　　　　〔代词〕
(4) 他是我们的班主任。　　　　〔代词〕
(5) 这是槐树。　　　　　　　　〔代词〕

我们也可以拿时间、处所作话题,所以表示时间、处所的名词性词语也能作主语。例如:

(6) 今天是六月一日儿童节。　　〔时间名词〕
(7) 明天不会下雨。　　　　　　〔时间名词〕
(8) 上海有个城隍庙。　　　　　〔处所名词〕
(9) 近处是一层层梯田。　　　　〔处所名词〕

数量也能成为我们说话的话题,所以数词、数量词也能作主语。例如:

(10) 七等于五加二。　　　　　　〔数词〕
(11) 十尺为一丈。　　　　　　　〔数量词〕

(12) 五本太多了。　　　　　　　　〔数量词〕

动词、形容词性词语也能作主语,因为我们也可以拿某种动作行为、性状作话题。例如:

(13) 比赛正在紧张地进行。　　　　〔动词〕
(14) 锻炼对身体很有好处。　　　　〔动词〕
(15) 虚心使人进步,骄傲使人落后。〔形容词〕

以上举的都是单词作主语的例子,在实际说话中,更常见的是词组充当主语。例如:

(16) 那欢乐的声音不断从左前方传来。
(17) 学习科学文化很有必要。

这两个句子的主语都是由词组充任的,在构造上应分析为:

```
那    欢乐的    声音    不断    从左前方    传来。
          1                    2
  3      4        5          6
      7      8         9         10
```

1-2 主谓关系
3-4 "定—中"偏正关系　　　5-6 "状—中"偏正关系
7-8 "定—中"偏正关系　　　9-10 "状—中"偏正关系

```
学习    科学    文化    很    有    必要。
        1                2
  3       4        5       6
      7      8         9     10
```

1-2 主谓关系
3-4 述宾关系　　　　　　　5-6 "状—中"偏正关系
7-8 联合关系　　　　　　　9-10 述宾关系

例(16)作主语的是个带定语的偏正词组,例(17)作主语的是个述宾词组。事实上前面我们讲过的五类词组都能作主语。请看:

(18) 各条战线上的知识分子都在为国家的现代化作贡献。〔带定语的偏正词组〕
(19) 不学习是不行的。〔带状语的偏正词组〕

(20) 劳动创造世界是个千真万确的真理。［主谓词组］
(21) 他去比较合适。［主谓词组］
(22) 锻炼身体很重要。［述宾词组］
(23) 抢救庄稼要紧。［述宾词组］
(24) 吃得太快不一定好。［述补词组］
(25) 弟弟妹妹都看电影。［由名词组成的联合词组］
(26) 长而空不好,短而空好吗？也不好。［由形容词组成的联合词组］

除了上面所说的五种词组外,还有一种词组经常作主语,那就是前边所说的"的"字结构。例如:"桂英给他的是两条毛巾。"这个句子作主语的就是个"的"字结构,应分析为:

```
桂英   给他   的    是    两条毛巾。
       1            2
   3      4    5       6
```

1-2 主谓关系
3-4 "的"字结构   5-6 述宾关系

很清楚,充任这个句子主语的是一个由主谓词组加上助词"的"形成的"的"字结构。下面都是由"的"字结构作主语的例子：

(27) 穿的都准备好了。
(28) 刻苦学习的就能学好。
(29) 最快的还是飞机。
(30) 他说的记住了吗？

"的"字结构有指代作用,在上面的句子里,"穿的"指代衣服,"刻苦学习的"指代刻苦学习的人,"最快的"指代最快的交通工具,"他说的"指代他说的话或事情。

(二) 作谓语的成分

动词、形容词、状态词都能作谓语。例如：

(31) 我们学习了。　　　［动词］
(32) 身体好。　　　　　［形容词］
(33) 这个人糊里糊涂的。［状态词］

但是,更常见的是动词性和形容词性的词组作谓语。例如：

(34) 他写了两首诗。
    那浪花白得像雪。

例(34)的两个例子分别是述宾词组作谓语和述补词组作谓语。下面都是述宾词组和述补词组作谓语的例子：

(35) 我们热爱祖国。　　　　〔述宾词组〕
(36) 小王去北京了。　　　　〔述宾词组〕
(37) 我看完了。　　　　　　〔述补词组〕
(38) 他高兴得跳起来了。　　〔述补词组〕

汉语里有一小部分动词，不带宾语时是一种意思，带宾语时又是一种意思，应注意区别。例如"他死了"，死者是"他"；"他死了爷爷"，死者是他爷爷，这两句话应分别分析为：

他　死了。〔是"他"死〕
<u>1</u>　<u>2</u>　　1-2 主谓关系

他　死了　爷爷。〔是"爷爷"死〕
<u>1</u>　<u>　2　</u>　　1-2 主谓关系
　　<u>3</u>　<u>4</u>　　3-4 述宾关系

类似的例子如：

(39) 孙行者战败了。　　　　　〔战败者是孙行者〕
    孙行者战败了铁扇公主。　〔战败者是铁扇公主〕
(40) 北京队败了。　　　　　　〔败者是北京队〕
    北京队败了天津队。　　　〔败者是天津队〕
(41) 秦国亡了。　　　　　　　〔亡者是秦国〕
    秦国亡了赵国。　　　　　〔亡者是赵国〕

下面是动词性和形容词性联合词组和偏正词组作谓语的例子：

(42) 我们讨论并且研究了。　　〔动词性联合词组〕
(43) 队伍马上出发。　　　　　〔动词性偏正词组〕
(44) 小柱子飞快地跑过来。　　〔动词性偏正词组〕
(45) 这房子又高又大。　　　　〔形容词性联合词组〕
(46) 这个地方太美了。　　　　〔形容词性偏正词组〕

动词或动词性词组作谓语的时候，主语会有以下几种情况：1. 主语是谓语动词的施事，即主语所指是谓语所表示的动作行为的主动者。如："我去。""小王看电影。"这样的主谓句一般称为"施事主语句"。

2. 主语是谓语动词的受事，即主语所指是谓语所表示的动作行为的受动者。如："报纸看完了。""衣服洗得很干净。""电影不演了。"这样的主谓句一般称为"受事主语句"。

3. 主语不是谓语动词的施事，也不是谓语动词的受事。这有三种情形：一是充任谓语的动词成分不表示动作或行为，如"有、是、在、象、属于、包括"等等，因此主语无所谓施事受事；二是作谓语的动词性成分虽然表示动作行为，但这个动作行为既不是主语所指的事物发出的，也不是主语所指的事物所承受的，如"这件事不怪他。""这场大火幸亏消防队来得及时。"三是作谓语的动词性词语虽然表示具体的行为动作，但主语所指是行为动作的工具、处所什么的，如：

（47）这把刀切熟肉。
（48）那个房间堆粮食。

例（47）的主语所指是谓语动词"切"的工具，这种主谓句一般称为"工具主语句"。例（48）的主语所指是谓语动词"堆"的受事的处所，这种主谓句一般称为"处所主语句"。

在汉语中，主谓词组也能作谓语，这是汉语语法特点之一（详见第四小节"关于主谓谓语"）。例如："今天的报纸我都看了。"它的内部构造是：

今天的报纸　我　都看了。
　　1　　　　2　　　1-2 主谓关系
　　　　　　　3　　4　　3-4 主谓关系

下面是同类的例子：

（49）这苹果咱们不能动。
（50）什么地方他都去过。
（51）我每一页都仔细看过。

名词、名词性词组一般不作谓语，但有例外。表示日期、节令、天气、籍贯或描写人的外貌的名词性词语有时可以作谓语。例如：

（52）今天二十三日。　　［日期］
（53）明天中秋节。　　　［节气］
（54）今天晴天。　　　　［天气］

(55) 我广东人。　　　　　［籍贯］
(56) 那孩子红红的脸。　　［外貌］

例(56)作这个句子谓语的是一个名词性偏正词组,它带有描写性。在结构上应分析为:

```
那孩子    红红的    脸。
  1         2              1-2 主谓关系
            3         4    3-4 "定—中"偏正关系
```

另外,数量词和由数量词作定语的名词性词组,也可以作谓语。例如:

(57) 一人三个。
(58) 他五本书,我六本书。

(三) 关于复谓词组作谓语

除了上面讲的五种词组外,还有三种词组常作谓语,那就是连动词组、递系词组、连锁词组。例如:

(59) 他出去散步了。
(60) 同学们请您去。
(61) 大家越干越起劲。

例(59)作谓语的是连动词组"出去散步",例(60)作谓语的是递系词组"请您去",例(61)作谓语的是连锁词组"越干越起劲"。这三种词组可以合称为"复谓词组"。这里的"谓"是"谓词性"的意思。下面对这三种复谓词组分别作些介绍。

先介绍连动词组。几个动词或动词性词组连用,而彼此不形成主谓、述宾、述补、偏正或联合关系的词组,就叫连动词组;连动词组中各动词所表示的动作行为是由同一主体发出的。例如:"我去图书馆还一本书。"这个句子的谓语就是由连动词组充任的,其内部构造是:

```
我  去  图书馆  还  一本书。
1              2              1-2 主谓关系
    3              4           3-4 连动关系
    5   6          7   8      5-6/7-8 述宾关系
```

这个连动词组是由两个述宾词组构成的。包含了两种动作行为:"去图书

馆"和"还一本书",而这两种动作行为都是由"我"发出的。下面举的都是连动词组的例子:

(62) 去/参观　　　　［动词＋动词］
(63) 写信/告诉他　　［述宾＋述宾］
(64) 谈着话/慢慢地走　［述宾＋"状—中"偏正］
(65) 走出去/听　　　［述补＋动词］
(66) 跑回来/通知你　［述补＋述宾］

连动词组两个动词性成分之间意义上的联系,是多种多样的,或者表示一前一后发生的两个动作。例如:

(67) 下了课/去游泳
(68) 吃了饭/告诉你

或者前一个动词性成分表示目的、原因、方式等。例如:

(69) 买菜/去
(70) 借书/来了
(71) 有病/没有来
(72) 举着红旗/走在队伍前面

或者后一个动词性成分表示目的。例如:

(73) 买个闹钟/看时间
(74) 留着/以后用
(75) 上炕/暖和暖和

有的连动词组表面看是说了两种动作,其实只从事了一种活动,只是说话者从正反两面来说罢了。例如:

(76) 拉着/不放
(77) 坐着/不动
(78) 留着/没吃

连动词组和前面讲过的述宾、述补、主谓、联合等词组不同,一定要把它们区分开,不要看见几个动词连在一起,就认为是连动词组。例如:

(79) 爱/打乒乓球　　参加/讨论
(80) 学习/靠自觉　　比赛/开始

(81) 调查/研究　　　总结/检查

这些词组都包含有两个动词性成分,可都不是连动词组。例(79)是述宾词组,例(80)是主谓词组,例(81)是联合词组。

现在介绍递系词组。递系词组的前一个动词性成分一定是述宾词组,而这个述宾词组的宾语,在意念上又是后一个动词性成分所表示的动作行为的发出者。例如:"他请您去。"这就是由递系词组充任谓语的句子,句子构造如下:

```
他    请    您    去。
1_____2_____      1-2 主谓关系
       3____4     3-4 递系关系
       5  6       5-6 述宾关系
```

"请您"是个述宾词组,"请"的宾语"您",是"请"这个动作行为的对象,而"您"在意念上又是后面的"去"这个动作行为的发出者。下面的词组都是递系词组:

(82) 请你提意见　　　派小张去
　　 要求你们准时赶到　有人找你
　　 要我安心工作　　　让他先走
　　 选她当队长

还有一种递系词组,后一个组成成分不是动词,是形容词,而前面的述宾词组的宾语从意念上说,是后面那个形容词所表述的性质的主体。例如:

(83) 怪他懒　　　嫌你脏
　　 夸他聪明　　称赞你勇敢

最后介绍连锁词组。连锁词组是两个动词性或形容词性成分或主谓词组用某些关联词语联系在一起所组成的词组,这样也就形成一个框架。例如:

(84) 边学边议　　　[边……边……]
(85) 一看就明白　　[一……就……]
(86) 不练不会　　　[不……不……]
(87) 越学越有兴趣　[越……越……]
(88) 非他去不可　　[非……不……]

连锁词组或者表示两件事时间上的关系,如例(84)表示同时进行,例(85)表示两件事紧接着发生;或者表示两事之间某种逻辑关系,如例(86)前后是假设关系,例(87)前后是倚变关系;或用双重否定来表示强烈的肯定,如例(88)。下面都是连锁词组作谓语的例子:

(89) 他才来就了解了不少情况。　　［才……就……］
(90) 枫叶愈红愈好看。　　　　　　［愈……愈……］
(91) 这事儿你不说他不知道。　　　［不……不……］

这三个句子的内部构造分别是:

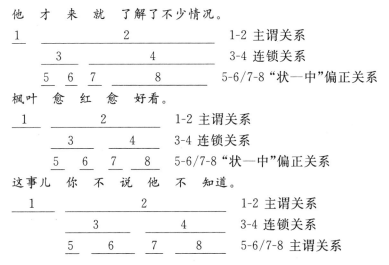

要注意,连锁词组当中没有语音停顿,如果有停顿就成了复句。例如:

(92) 他越学得多,就越有兴趣。
(93) 不多做练习,就学不会。

(四) 关于主谓谓语

前面已经提到,汉语中主谓词组也能作谓语。一般把由主谓词组充任谓语的句子叫"主谓谓语句"。谓语可以由主谓词组充任,这是汉语语法的一个特点,而这种主谓谓语句也有其特殊的表达作用,因此值得单独提出来讲讲。

主谓谓语句有多种类型,下面分别作些介绍。为了便于说明,我们把整个句子的主语称为"大主语",把充任谓语的那个主谓词组的主语和谓语分别称为小主语、小谓语。

1. 大主语和小主语之间在意义上是隶属关系,具体说,小主语是隶属于大主语的,小谓语一般由形容词性词语充任。例如:

(94) 工人同志们/情绪特别高昂。
(95) 我母亲/身体一直很好。
(96) 那孩子/眼睛大大的。
(97) 我们学校/学习条件可好了。
(98) 人民大会堂/灯火辉煌。
(99) 大家/信心百倍。
(100) 全体战士/斗志昂扬。

像例(94)得分析为:

(a) 工人同志们　情绪　特别高昂。
　　―――1―――　――2――　1-2 主谓关系
　　　　　　　　3　　4　　3-4 主谓关系

从表达的角度看,这类主谓谓语句都是通过说明事物的某一方面的性质来对该事物加以描写说明的。

这类主谓谓语句,有的,如例(94)—(97),在语法构造上也可以看作是由一个表示领属关系的偏正词组作主语的形容词谓语句,如例(94)也可以分析为:

(b) 工人同志们　情绪　特别高昂。
　　―――1―――　――2――　1-2 主谓关系
　　　　3　　4　　　　　　3-4 "定—中"偏正关系(领属关系)

作为主谓谓语句的语法构造为(a),作为表示领属关系的偏正词组作主语的形容词谓语句的语法构造为(b)。(a)和(b)二者是有区别的:

首先,从语音停顿看,(a)的语音停顿在"工人同志们"之后,不在"情绪"之后;(b)的语音停顿则在"情绪"之后,而不在"工人同志们"之后。

其次,从表达的意义看,(a)是以"工人同志们"为话题,即作为陈述的对象,要对"工人同志们"加以描写、说明,说明工人同志们怎么样;而(b)则以工人同志们的"情绪"为话题,即作为陈述对象,要对工人同志们的"情绪"加以描写、说明,说明工人同志们的"情绪"怎么样。

不过我们要注意,有的,如例(98)—(100),则只能理解为主谓谓语句,不能理解为表示领属关系的偏正词组作主语的句子。这是因为,虽然"人民大会堂"和"灯火"之间,"大家"和"信心"之间"全体战士"和"斗志"之间,从意念上说也有隶属关系,但"灯火辉煌""信心百倍""斗志昂扬"已是一个凝固的格式,不宜拆开;而从句子所表达的意思看,这三个句子是要分别陈述、说明"人民大会堂"如何,"大家"如何,"全体战士"如何。因此这三个句子只能看作是主谓谓语句。

2. 小谓语由动词性词语充任,大小主语之间存在着施、受关系。例如:

(101) 小王英语说得很流利。
(102) 你报纸给我还了吗?
(103) 这个沉痛的教训我们都不能忘记。
(104) 艰苦奋斗的好传统,我们不能丢掉。

例(101)、例(102)大主语是施事,小主语是受事;例(103)、例(104)则大主语是受事,小主语是施事。一般来说,例(101)、(102)的格式在口语中用得多,书面上则多用例(103)、(104)的格式。但是,不论哪一种格式,它们的表达作用是共同的,都是为了突出说明受动者。如例(102)、(103)、(104)这三句话的意思我们也可以用一般的主谓句来表达,说成:

(105) 你给我还报纸了吗?
(106) 我们都不能忘记这个沉痛的教训。
(107) 我们不能丢掉艰苦奋斗的好传统。

两相比较,很明显采用主谓谓语句的说法,就分别将受事"报纸""这个沉痛的教训"和"艰苦奋斗的好传统"放到了更为突出的地位。

3. 小主语是数量词,小谓语包含有数量词,或者本身就是个数量词。例如:

(108) 他一瓶酒只喝了三天。
(109) 小张八百公尺跑两分十五秒。
(110) 苹果一斤四块钱。(苹果十块钱买两斤半。)
(111) 铅笔五角钱一支。

例(108)、(110)两句在结构上应分析为:

```
他   一瓶酒   只喝了三天。        苹果   一斤   四块钱。
1      2                         1      2
    3         4                       3       4
       1-2  主谓关系              3-4  主谓关系
```

其余两例照此分析。这类主谓谓语句往往或强调说明大主语的能力,如例(108)、(109);或强调说明大主语的价值,如例(110)、(111)。

4. 小主语是复指大主语的。例如:

(112) 勤奋、严谨、求实、创新,这就是北京大学的学风。
(113) 祖国,这是一个至亲至爱的名字。
(114) 那个身段苗条、脸儿很秀气的女孩儿,她叫黄云香。

例(112)的小主语"这"是复指大主语"勤奋、严谨、求实、创新"的,例(113)的小主语"这"是复指大主语"祖国"的,例(114)的小主语"她"是复指大主语"那个身段苗条、脸儿很秀气的女孩儿"的。如果我们把三句话里那复指性的小主语去掉,就变成一般的主谓句。请看:

(115) 勤奋、严谨、求实、创新就是北京大学的学风。
(116) 祖国是一个至亲至爱的名字。
(117) 那个身段苗条、脸儿很秀气的女孩儿叫黄云香。

试比较例(114)和例(117):

```
那个身段苗条、脸儿很秀气的女孩儿, 她    叫黄云香。
─────────────────────────         ──────
            1                        2
                                 ───  ─────
                                  3     4
```
1-2 主谓关系   3-4 主谓关系

```
那个身段苗条、脸儿很秀气的女孩儿  叫黄云香。
─────────────────────────  ─────
            1                  2
```
1-2 主谓关系

例(115)、(116)、(117)虽然跟原句意思基本差不多,但是,显然不如原句的表达效果好,因为原句不仅突出了大主语,而且使句子有变化,读起来语气活泼、节奏鲜明。

(五) 关于主谓主语

在汉语里,主谓词组也可以作主语。例如:

(118) 他去最合适。
(119) 张铭宝出席这次会议定会给大伙儿一个惊喜。

这两个句子在结构上该分析为:

他　去　最合适。
　1　　2　　1-2　主谓关系
　3　4　　　　3-4　主谓关系
张铭宝　出席这次会议　定会给大伙儿一个惊喜。
　　　　　　1　　　　　　　　2
　　3　　　　4
1-2　主谓关系　　3-4　主谓关系

主谓词组作主语,意味着说话的话题是一个事件或事实。

(六) 关于受事主语

前面说过,当谓语为动词性成分时,作主语的成分,从意念上说,可以是动作行为的发出者,即施事;也可以是动作行为的接受者,即受事。例如"我们写完了"和"文章写完了",从句子内部的语法关系说是一样的:

我们　写完了。　　　文章　写完了。
　1　　　2　　　　　　1　　　2
　　　　1-2　主谓关系

所不同的是,前一句的主语"我们"对"写"这个动作行为来说是施事,后一句的主语"文章"对"写"这个动作行为来说是受事。这一小节我们要专门讲讲受事作主语的句子。这种句子有下面几个特点:

1. 含有被动意义。汉语的被动句不一定有形式上的标志。受事作主语的句子就是被动句。例如:

(120) 杯子给弟弟打破了。
(121) 树被砍了。
(122) 电影票卖光了。
(123) 自行车修好了。

这四个句子都含有被动意义。例(120)、(121)有表示被动的标志,前一句为"给",后一句为"被"。例(122)、(123)没有任何标记。但是,这四个句子的主语"杯子""树""电影票""自行车"对各自的谓语动词来说都是受事,所以它们都是被动句。

2. 主语一定是有定的,即主语所指的事物或者是说话双方已知的,或者含有周遍意义。例如:

(124) 书买来了。
(125) 信发了。
(126) 一个字也不认识。
(127) 什么都知道。

例(124)、(125)里的"书"和"信"都一定是说话双方已知的事物,是确定的。例(126)、(127)里的"一个字""什么"都带有周遍性,实际上"一个字"是指任何一个字,"什么"是统指一切,所以也是确定的。所提到的受事成分如果不是说话双方已知的事物,那就得放在宾语位置上。例如:

(128) 我买了本书。
(129) 我买的是书。
(130) 我发了封信。
(131) 我发的是信。

以上句子里的"书""信"都不是有定的。

3. 谓语一般要求是复杂的。也就是说,谓语不能是简单的一个动词,而要求是一个动词性词组,起码在动词后带上"了""着"或"过"。例如:

(132) 火车票由小王买。　〔动词性偏正词组〕
(133) 东西带走了。　　　〔述补词组〕
(134) 钢笔给他。　　　　〔述宾词组〕
(135) 这本书看了。　　　〔动词带"了"〕
(136) 衣服留着。　　　　〔动词带"着"〕
(137) 那电影看过。　　　〔动词带"过"〕

(七) 关于处所主语

上面说了,表示处所的名词性词语也能作主语。这种句子一般称为"处所主语句"。这里主要介绍以下两小类处所主语句。

1. 表示人或事物的存在、出现或消失。例如:

(138) 客厅里有两位客人。
(139) 书包里有一封信。
(140) 门口站着两个孩子。
(141) 门上贴着一副对联。
(142) 前面来了位老太太。
(143) 草丛里窜出一只小兔子。

(144) 村里死了一头牛。
(145) 监狱里跑了个犯人。

例(138)—(141)表示存在,例(142)、(143)表示出现,例(144)、(145)表示消失。这类句子一般总称为"存现句"。

在存现句中大量的是表示存在的句子,一般称为"存在句"。其句法格式是:

处所词语＋动词性词语＋名词性词语

处所词语放在句首,表示人或事物存在的处所。中间的动词性词语,如果用"有",单纯表示存在,如例(138)、(139);如果用"动词＋着",就同时说明"怎么存在",即同时说明存在的方式,如例(140)、(141)。句末的名词性词语表示存在的人或事物,往往带有数量词。

2. 表示一种活动,表动态。例如:

(146) 台上演着京戏。
(147) 教室里上着课。
(148) 屋里开着会呢。
(149) 操场上放映着电影。
(150) 大厅里跳着迪斯科。

其句法格式是:

处所词语＋动词＋"着"＋名词性词语

这类表示活动的处所主语句,其处所词语表示活动的处所,整个"动词＋'着'＋名词性词语",表示活动;其名词性词语不带数量词。

(八) 在主谓组合中要注意的问题

1. 要注意主语和谓语的配合

主语和谓语是句子中两个最重要的密切相关的句法成分,主语是陈述的对象,谓语是对主语加以陈述,这就要求我们在组织句子时,首先要注意主语和谓语的配合,使谓语对主语的陈述尽量做到准确、恰当。例如:

(151) 国家要统一,人民要团结,经济要发展,社会要进步,各行各业要实现信息化,这就越来越迫切需要语言、文字的规范化、标准化。
    (《中国语言生活状况报告(2005)》)

例(151)是个复句,前五个小句都是主谓句,其主语和谓语都配合得相当好。如果不注意主语和谓语的配合,就会犯主谓搭配不当的毛病。例如:

(152) ＊《光明日报》改版以后,报纸以崭新的面貌展现在读者面前,版面热气腾腾。

(153) ＊当年老校长作的数小时报告啊,仍在这里回响。

(154) ＊张学思同志离开我们八年多了,他那崇高的革命品质,经常浮现在我们的脑海中。

例(152)"热气腾腾"不能用来陈述"版面",宜换成"生动活泼"一类的词语。例(153)主语是"当年老校长作的数小时报告",谓语是"仍在这里回响",报告怎么能回响呢?例(154)主语"他那崇高的革命品质"跟谓语"经常浮现在我们的脑海中"不能搭配,如果要保留原主语,谓语可改成"永远值得我们学习";如果要保留谓语,主语宜改为"他那高大的形象"。

当谓语说明主语是什么的时候,要注意谓语中的动词"是"所带的宾语成分同主语之间的搭配。下面的句子都有问题:

(155) ＊老舍先生关于词语教育有助于发展学生的思维能力的论述,无疑是培养学生独立思考能力的一条新路子。

(156) ＊鲁迅先生关心国事,心怀天下,奋发向上的精神是青年一代的榜样。

(157) ＊杨乐所做的一些研究工作是些难度比较大的问题。

例(155)"……论述"怎么能是"……新路子"呢?应该把"是"改为"指出了"。例(156)、(157)犯的是同样的毛病。例(156)或者将谓语"是青年一代的榜样"改为"值得青年一代学习";或者将整个句子改为:"鲁迅先生关心国事,心怀天下,奋发向上,是青年一代的榜样。"例(157)宜将谓语"是些难度比较大的问题",改为"难度都比较大"。

2. 要避免残缺

残缺主语,这在写作中也是比较常见的毛病。例如:

(158) ＊从他们的成长和工作将证明这一点,那就是在新中国的摇篮里,也能够产生"人类智慧的挑战者"。

(159) ＊通过四水村由穷变富的变化,清楚地表明了当前在农村中建立各种类型的生产责任制是刻不容缓的事情。

(160) ＊王铁贵奸污幼女的丑事一揭发,就更加气愤了,一致要求司法部门严惩这个披着干部外衣的流氓。

（161）＊她的发言，不时地被关欣打断，并把她轰出门外。

例(158)—(161)都缺主语，造成这种毛病的原因有两方面：

一是滥用介词。如例(158)、(159)，本来是有主语的，例(158)的主语应该是"他们的成长和工作"，例(159)的主语应该是"四水村由穷变富的变化"。现在由于它们前面分别加上了介词"从"和"通过"，就使它们失去了作主语的资格，从而造成句子残缺主语的毛病。例(158)、(159)分别删去介词"从""通过"就行了。

二是在复句组织中随便转换句式，加之滥用省略。如例(160)、(161)都是复句，第一个分句都是受事作主语的被动句，后面的分句却转用了主动句式，主语又随便省略，结果造成后面的分句残缺主语的毛病。例(160)应在第二个分句头上加上主语"大家"，例(161)后一分句可改为"最后她还被轰出了门外"。

也有残缺谓语的现象，但较为少见，详见第十讲第二节。

练 习

一、解释下列术语。
  1. 主谓句　　　　2. 非主谓句
  3. 无主句　　　　4. 独词句
  5. "的"字结构　　6. 连动词组
  7. 递系词组

二、什么叫主谓谓语句？主谓谓语句主要有哪些类型？

三、什么叫受事主语句？受事主语句有些什么特点？

四、用层次分析法分析下列各句的结构。
  1. 我们的事业必然胜利。
  2. 我们请他去作报告。
  3. 他有事没有来。
  4. 他最喜欢的书买到了。
  5. 什么他都懂一点儿。
  6. 苹果一块钱买一斤。
  7. 这个图书馆藏书很多。
  8. 有的同学我还叫不上名字。

9. 三加八乘六等于六十六。
10. 去不去你自己决定。

五、指出并改正下列各句的语法错误。
1. 小王的学习态度一向很努力。
2. 国家急需的三十一种新产品的规格都试制成功了。
3. 组长老李的这种不为名不为利的精神，同志们一致称赞他是革命的老黄牛。
4. 进入 21 世纪，他们在光伏效应研究方面所获得的成果，为我国能源建设作出了积极的贡献。
5. 我国第一位航天员杨利伟同志的报告，极大地焕发了同学们为祖国而学习的积极性。

六、下面四个句子里有两个残缺主语的病句，试找出来加以改正，并说明理由。
1. 通过这篇文章的学习，使我们懂得了应该做一个有益于人民的人。
2. 通过这一段时期的教学，使学生进一步懂得了应该做一个什么样的人。
3. 已经整整一年了，对于他的工资问题，始终没有得到解决。
4. 谁也没有想到他会犯这样大的错误；当然，对于他的问题，不能草率处理。

第五讲　单　句(中)

三、述语和宾语

(一) 述语和宾语在意义上的联系

述语和宾语是句子中两个重要的句法成分。前面讲述宾词组时,我们说过,述语表示动作行为,宾语是动作行为所支配、影响或所涉及的对象。这是一种概括的说法。其实,汉语中述语和宾语在意义上的联系是多种多样的,常见的有以下几种：

1. 宾语是述语所表示的动作行为的受事,也就是说,宾语是接受动作行为的。这类宾语一般称为"受事宾语"。例如：

(1) 看书　　　　吃苹果
　　洗衣服　　　擦桌子
(2) 挖洞　　　　煮饭
　　盖房子　　　造大桥

例(1)的宾语所指的事物是在动作行为发生之前就存在的,它是直接接受动作行为支配的对象；例(2)宾语所指的事物在动作行为发生之前并不存在,而是述语表示的动作行为所产生的结果(如"挖洞",挖的结果产生了洞)。

2. 宾语是述语所表示的动作行为的施事,也就是说是发出动作行为的。这类宾语一般称为"施事宾语"。例如：

(3) (这里)住人　　来人了
　　站着一个孩子　来了两位新老师

3. 宾语表示处所。这类宾语一般称为"处所宾语"。例如：

(4) 上山　　　　下海
　　去昆明　　　回北京

4. 宾语表示动作行为所凭借的工具。这类宾语一般称为"工具宾语"。例如：

（5）写毛笔　　　　喝小杯
　　　吃大碗　　　　洗凉水

5. 宾语表示数量。这类宾语一般称为"数量宾语"。例如：

（6）买了两斤　　　　借了四本
　　　写了三篇　　　　看了五页

数量宾语不限于上面所举的那种例子，具体见本节下文（四）。

6. 宾语表示领有、存在的事物。例如：

（7）（他）有两个弟弟　（我们学校）有十个班
　　　（桌上）有本书　　（门外）是条河

7. 宾语指明行为所涉及的具体内容。例如：

（8）同意扩大招生　　听说他回来了
　　　以为走了　　　　希望多演几场

"扩大招生"就是"同意"所涉及的具体内容。

（二）作述语的成分

1. 及物动词都能作述语，都能带宾语。例如：

（9）写信　　　　讲故事　　　　送本书
　　　了解情况　　研究问题　　　帮助同学
　　　想回家　　　同意参军　　　喜欢看电影

助动词是及物动词中的一小类，它跟它后面的动词性成分也构成述宾关系，例如"可以多买一些"，应分析为：

可以　　多买一些
　1　　　　2　　　1-2 述宾关系

再如：

（10）能掌握好　　　应该走了
　　　　要好好学习　　愿意给他

2. 以及物动词为主体的动词性词组也能作述语。常见的有动词性偏正词组、述补词组、动词性联合词组，例如：

(11) 不赞成派他去
(12) 非常注意这个问题
(13) 学好外语
(14) 问明白这个问题
(15) 贯彻执行环境保护法
(16) 讨论并通过了他的建议
(17) 有没有报纸
(18) 看不看话剧

例(11)、(12)作述语的是动词性偏正词组,如例(11)应分析为:

```
不    赞成    派他去
      1        2       1-2 述宾关系
 3     4              3-4 "状—中"偏正关系
```

例(13)、(14)作述语的是述补词组,如例(13)应分析为:

```
学    好    外语
  1     2            1-2 述宾关系
 3   4              3-4 述补关系
```

例(15)—(18)作述语的是动词性联合词组,如例(15)、(18)应分别分析为:

```
贯彻   执行   环境保护法      看   不看   话剧
      1           2             1     2
  3     4                      3    4
   1-2 述宾关系                3-4 联合关系
```

例(17)、(18)作述语的联合词组是由一个动词的肯定形式和否定形式构成的,这种联合词组表示疑问性的选择关系。

3. 某些由形容词作述语、由单音节动词或形容词作补语的述补词组也能作述语。例如:

(19) 干死了很多树苗
(20) 乐坏了小弟弟

(三) 作宾语的成分

1. 名词、代词常作宾语。例如:

(21) 依靠群众　　修理钢笔　　[名词]
(22) 相信他们　　了解你　　　[代词]

更常见的是各类名词性词组作宾语。例如，"穿着崭新的运动衫"这个述宾词组应分析为：

穿着　崭新的　运动衫
　1　　　　2　　　　　1-2 述宾关系
　　　　3　　　4　　　3-4 "定—中"偏正关系

下面是各类不同词组作宾语的例子：

(23) 学习科学文化知识　　关心新同学　　　[名词性偏正词组]
(24) 有哥哥、弟弟　　　　去过上海、广州　[名词性联合词组]
(25) 坚持好的，改正错的　挑选身体好的　　["的"字结构]

2. 数量词也能作宾语。例如：

(26) 买了五本　　丢了两个　　送了三斤

关于数量词作宾语，下一小节将作专门介绍。

3. 动词、形容词和动词性、形容词性词组也能作宾语。例如：

(27) 喜欢笑　　　　　　[动词]
(28) 爱干净　　　　　　[形容词]
(29) 得到支持和响应　　[动词性联合词组]
(30) 应该谦虚、谨慎　　[形容词性联合词组]
(31) 命令马上出发　　　[动词性偏正词组]
(32) 认为很好　　　　　[形容词性偏正词组]
(33) 学会了弹钢琴　　　[述宾词组]
(34) 想学得好些　　　　[述补词组]

4. 主谓词组也能作宾语，如"发现小妹妹没有回家"，"发现"的宾语就是一个主谓词组"小妹妹没有回家"，应分析如下：

发现　小妹妹　没有回家
　1　　　　2　　　　　1-2 述宾关系
　　　　3　　　4　　　3-4 主谓关系

下面都是主谓词组充任宾语的例子：

(35) 听说他来了
(36) 看见小王走远了
(37) 同意我去
(38) 希望你们搞革新

(四) 关于数量宾语

由数量词充任的宾语,叫数量宾语。数量宾语实际上有三小类:

1. 由名量词构成的数量词充任的宾语。例如:

(39) 写了两篇　　吃了三个　　买了五本

这种宾语一般指明受动作行为支配、影响的事物的数量。

2. 由动量词构成的数量词充任的宾语。例如:

(40) 讨论过两回　　拿过两次　　唱了三遍

这种宾语表示动作行为的量。

3. 由时量词构成的数量词充任的宾语。这种宾语或表示动作行为的时间。例如:

(41) 看了一天　　准备了五天　　等了一小时
　　　写了一年　　学了半年

或表示某种状态所持续的时间。例如:

(42) 死了三年了　　挂了三天了

第1类数量宾语只有及物动词才能带,大家都认为是真宾语。第2、第3类数量宾语,除及物动词能带外,不及物动词和形容词也能带。例如:

(43) 游泳了半天　　合作过两次　　[由不及物动词带数量宾语]
(44) 干净了一天　　稍微宽敞一点儿　[由形容词带数量宾语]

有的语法书把第2、第3类数量宾语归入补语。但是,从语法格式上看,它们跟第1类数量宾语比较相近。试比较:

	插入"了/过"	后加名词	转换句式
写三篇	写了三篇/写过三篇	写三篇评论	一篇也没有写
写三回	写了三回/写过三回	写三回评论	一回也没有写
写三天	写了三天/写过三天	写三天评论	一天也没有写

所以现在一般将第2、第3这两类也看作数量宾语。不过,它们跟典型的宾语还是有区别,所以将这种数量宾语称为"准宾语"。

(五)关于双宾语

有的动词可以带两个宾语,由此形成的述宾结构一般称为"双宾结构"。典型的双宾结构是表示"给予"义的双宾结构,其中一个宾语指接受者,另一个宾语指给予之物。例如:

(45)给弟弟一支笔
(46)奖了小王一个笔记本电脑
(47)教我们英语
(48)问你一道题
(49)告诉大家一个好消息

在普通话里,指接受者的宾语靠近动词,一般称为间接宾语,或称与事宾语;指给予之物的宾语在间接宾语的后面,一般称为直接宾语,或称受事宾语。能出现在表示"给予"义的双宾语结构里的动词主要有:

给　送　赠　卖　交　还　赔　教　还(huán)　问　退　告诉

汉语里也有表示"取得"义的双宾结构。例如:

(50)我买了老农一只鸡。
(51)那小偷偷了王老师家一台笔记本电脑。
(52)这场足球赛,钢铁队赢了巨人队一个球。
(53)我一共收到她三封信。
(54)那家伙骗了王老头儿一万块钱。

能出现在表示"取得"义双宾语结构里的动词常见的有:

买　偷　抢　赢　骗　赚　收到

现代汉语里有些动词,如"借、租",所形成的双宾结构既可以表示"给予"义,也可以表示"取得"义。例如:

(55)我已经借她三万块钱了,怎么她还要借呀?　["借"表"给予"义]
(56)我是借过小王一支笔,但我昨天已经还给他了。　["借"表"取得"义]

(57) 这样吧,我先租你们两间房,你们先住下。["租"表"给予"义]
(58) 当时我租了钱家一辆车,我就开车走了。["租"表"取得"义]

从结构上来说,带双宾语的述宾词组其实可以看作述宾词组带宾语,如"给弟弟一支笔""买老农一只鸡"可以分析为:

```
给   弟弟    一支笔
买   老农    一只鸡
___1___     __2__    1-2 述宾关系
_3_  _4_             3-4 述宾关系
```

(六) 关于施事宾语

前面我们已经讲过,宾语常常是动作行为的接受者,即受事,如"买了一本书"。但宾语也可以是动作行为的发出者,即施事,如"来了一个人",施事作宾语的句子称为施事宾语句。例如:

(59) 这间屋子住过四个人。
(60) 幕后走出来一位报幕员。
(61) 台上坐满了人。
(62) 担架上躺着一个伤员。
(63) 我正在着急,前面来了辆车。
(64) 这锅饭能吃八个人。

像例(59)应分析为:

```
这间屋子   住过    四个人。
____1____  __2__            1-2 主谓关系
           __3__  ___4___   3-4 述宾关系
```

施事作宾语,这是汉语语法的一个特点,能带施事宾语的动词不多,常见的有下面这些:

飞 跑 走 跳 爬 钻
站 坐 立 躺 住 睡 躲 藏
来 去 上 下 进 出
进去 进来 出去 出来 上去 上来 下去 下来

施事宾语句有两个特点:

1. 宾语是无定的,即说话人或听话人事先是不知道的,所以常带有数量词。试比较:

A	B
来客人了。	客人来了。
来了个邮递员。	邮递员来了。

A句和B句基本意思差不多,但由于句式不同,在表达上有区别。A句是施事作宾语,宾语是不确定的;B句是施事作主语,主语是确定的。用A句式,表明说话人和听话人事先并不知道要有位客人(或邮递员)来;如果说话人和听话人事先知道有客人(或邮递员)来,则要用B句式。

2. 述语部分往往是复杂的,动词或带"了、着、过",如例(59)、(62)、(63),或带补语,如例(60)、(61),或前有助动词,如例(64)。

(七) 在述宾组合中要注意的问题

1. 要注意述语和宾语的配合。

述语和宾语是密切相关的成分,一定要配合好。如"鱼水情深传佳话,军民团结谱新歌"这两句话中的"传佳话""谱新歌"述宾搭配得很恰当;可是像在第一讲第二节里所举到的例(9)"传说一对好婆媳的佳话"里的述语"传说"与宾语中心"佳话",就搭配得不当。

述宾搭配不当主要有以下两种情况:

一种是意义上不能搭配。例如:

(65) *有老船长掌舵,我们一定能冲过暗礁险滩,取得航行的胜利。

(66) *我们一定要清算封建主义的流毒。

(67) *看到一位教师深有体会地说:"民族振兴、国家强盛的希望在教育。"

(68) *体贴下情也很重要。

(69) *采取各种办法培养和提高师资水平,尤其是中年教师的水平,实在是一件迫在眉睫的事。

例(65)"暗礁险滩",航船只能"绕过"去,"冲"是冲不过去的,应将"冲"改为"绕"。例(66)"流毒"只能"肃清",不能"清算",应将"清算"改为"肃清"。例(67)述语"看到"跟宾语"一位教师深有体会地说:'……。'",在意义上不相配。说话的内容只能听到,不能看到,看到的只能是说话的情景(如"看到王老师正跟学生谈话")。显然,例(67)应将"看到"换为"听到"。例(68)的主语"体贴下情"是个述宾词组,这个述宾词组的述语和宾语搭配不当。"下情"指的是下级或群众的情况。对于人,可以说"体贴";对于"情况"不能说"体贴",只能说"体察"。宜将"体贴"改为"体察"。例(69)里的"培养和提高师资水平"在语义搭配上有毛病。"提高师资水平"是可以说的,"培养师资水平"就不能说。从整个句子看,宜将"培养和"三字删去,在"提高"前加"努力"这个状语,全句改为:

(70) 采取各种办法努力提高师资水平,尤其是中年教师的水平,实在是一件迫在眉睫的事。

例(69)的毛病也告诉我们,当述语或宾语是联合词组时,更要注意相关成分之间的搭配关系。

另一种情况是语法上不能搭配。例如:

(71) ＊他们种的大白菜每亩收成了一万五千斤。
(72) ＊有人告诉他,四年级一班成立了一个飞机模型小组,他非常喜悦同学们的这种热爱科学的精神,立即前去表示支持。
(73) ＊黄教授带着怎样防治棉铃虫,怎样提高棉花产量,深入棉区进行调查研究。
(74) ＊这些问题难道还不值得领导的重视吗?

例(71)"收成了一万五千斤"里的"收成"是名词,而名词是不能带宾语的。"收成"应改用动词"收"。例(72)"喜悦同学们的这种热爱科学的精神"里的"喜悦"是形容词,形容词也不能带宾语。应将"喜悦"改为"称赞"。以上两个例子都是不能带宾语的成分带上了宾语。例(73)、(74)是能带宾语的成分带错了宾语。例(73)"带着"后面只能跟名词性宾语,而"怎样防治棉铃虫,怎样提高棉花产量"是动词性词组,显然不合要求。在"……产量"后面加上"的问题"三个字,转化成名词性词组就行了。例(74)则相反,"值得"要求后面所带的宾语由动词性词语或主谓词组充任,而"领导的重视"是名词性词组,不合要求。应把"领导的重视"里的"的"去掉,使名词性词组变为主谓词组,句子就通了。

2. 要注意结构的完整。

在述宾组合中,还要注意结构的完整,如果缺少了必不可少的成分就会造成残缺的毛病。下面是残缺述语的例子:

(75) ＊他的表情冷漠,若无其事的样子。

(76) *起初,对于推广新的杂交水稻品种,大家意见不一,有的人甚至抵触情绪。

例(75)"若其事的样子"前面缺述语,应加上"显出"。例(76)"抵触情绪"前应加述语"有"。

更常见的毛病是残缺宾语中心。例如:

(77) *那家伙惯用制造谣言,搬弄是非,来破坏我们之间的团结,以达到他个人不可告人的目的。
(78) *这篇文章充分表达了我们为实现强国梦而努力学习。
(79) *用在医药上的高分子材料大致可以分为机体外使用与机体内使用。
(80) *这些名贵的树种,多具有木质坚硬、致密,结构均匀、纹理交错,切面光滑油润,干燥后不翘不裂,有特殊香味,不为虫蛀,是造船、军工、雕刻、弯曲构件、家具的上等用材。

例(77)第一个分句里的"惯用"要求带如"……手段""……伎俩"等一类的名词性宾语。现在的宾语是一个动词性联合词组"制造谣言、搬弄是非",显然不合要求。应在它后面补上"的伎俩",使作宾语的成分成为一个名词性偏正词组,即例(77)应改为:

(81) 那家伙惯用制造谣言,搬弄是非的伎俩,来破坏我们之间的团结,以达到他个人不可告人的目的。

这类错误叫残缺宾语中心,就是说宾语应该是名词性偏正词组,而这个偏正词组缺了中心语。例(78)—(80)错误类同。例(78)在句末应加上"的决心"。例(79)在句末加"两种"。例(80)在"不为虫蛀"后加"等优点"。

再看下面两个例子:

(82) *我觉得,这是锻炼吃苦耐劳的极好机会。
(83) *各地的针灸诊所,都有一些治好较难医治的病例。

例(82)的毛病跟上面的例句相同,也是缺宾语中心,只不过缺宾语中心的述宾词组不是在谓语位置上,而是在定语位置上。分析一下这个句子的结构,问题就清楚了。请看:

```
这  是   锻炼  吃苦耐劳的   极好机会。
1      2                      1-2 主谓关系
    3          4              3-4 述宾关系
            5         6       5-6 "定—中"偏正关系
            7    8            7-8 述宾关系
```

充任"极好机会"定语的是一个述宾词组"锻炼吃苦耐劳",而动词"锻炼"要求带名词性宾语,可现在的宾语"吃苦耐劳"却是个动词性词组,不是名词性词组。应在"吃苦耐劳"之后加上"精神"二字,转换成名词性词组,使那作"极好机会"定语的述宾词组成为:

```
锻炼   吃苦耐劳   精神
1         2            1-2 述宾关系
       3       4       3-4 "定—中"偏正关系
```

这样,句子就没有毛病了。例(83)的毛病一下子不容易看出来,但只要我们把这个句子进行逐层分析解剖,也就不难发现。请看:

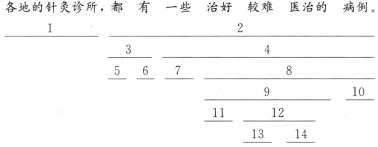

1-2 主谓关系
3-4 述宾关系
5-6 "状—中"偏正关系   7-8 "定—中"偏正关系
9-10 "定—中"偏正关系   11-12 述宾关系
13-14 "状—中"偏正关系

这是个主谓句,整个句子的主语和谓语的配合没有问题;谓语"都有一些……病例",单就谓语中心"有"与其宾语中心"病例"的搭配来看,也没问题;问题出在充任"病例"定语的"治好较难医治"这个述宾词组上。"治好"要求带名词性宾语,而现在它的宾语"较难医治"却是个动词性词组,二者搭配不当。应该在后面加上"的疾病",变成名词性偏正词组"较难医治的疾

病",这样才能作"治好"的宾语。这样一改,句子就没有问题了。全句改成:

(84) 各地的针灸诊所,都有一些治好较难医治的疾病的病例。

四、述语和补语

(一) 作述语的成分

述语只能由动词、形容词性成分充任。例如:

(1)(我)读完了。
(2)(他)激动得流下了眼泪。

有时,作述语的成分也可以是一个联合词组,但是只限于由单个动词或单个形容词形成的联合词组,而且用得不多。例如:

(3)(那个问题)分析、说明得很清楚。
(4)(她的房间)整齐、干净得没法形容。

名词和状态词不能带补语,也就是说不能在述补词组中作述语。

(二) 补语的性质和类别

补语居述语之后,是对述语作补充说明的成分。补语对述语可以作不同性质的补充,例如:

(5) 看完　　　　　洗干净　　　　　[表示结果]
(6) 拿进去　　　　拿出去　　　　　[表示趋向]
(7) 看得完　　　　看不完　　　　　[表示可能]
(8) 走得进去　　　走不进去　　　　[表示可能]
(9) 摆得整整齐齐　擦得很干净　　　[表示状态]
(10) 干净极了　　　喜欢得很　　　　[表示程度]
(11) 生于一九三五年　写于一九九二年　[表示时间]
(12) 放在桌上　　　来自上海　　　　[表示处所]

因此,一般将补语分为结果补语、趋向补语、可能补语、状态补语、程度补语和时地补语六小类。

述补结构实际是一种缩略型的结构,其中实际包含有两重语义关系。最明显的是,当述补词组充任谓语时,由此造成的主谓句实际上是由两重主谓词组整合而成的。例如：

(13) 我走累了。← 我走＋我累了
衣服洗干净了。← 衣服洗了＋衣服干净了
我把黑板擦干净了。← 我擦黑板＋黑板干净了
他热得头上直冒汗。← 他热＋他头上直冒汗
我走出教室。← 我走＋我出教室

下面分别介绍带各类补语的述补词组。

(三) 带结果补语的述补词组

带结果补语的述补词组有两个很明显的特点：一是补语和述语直接粘连，中间不用"得"；二是作补语的成分都是单词。例如：

(14) 洗干净　　写清楚　　看明白
整理完　　研究好　　抓紧

这种述补词组，作述语的成分一般只限于动词。述语表示某种手段，补语表示通过这种手段所得到的某种结果。例如"洗干净"是说通过"洗"这一手段，得到"干净"的结果。同一手段可以得到不同的结果，反之，同一种结果也可以通过不同的手段得到。例如：

A	B
洗干净	洗干净
洗白了	刷干净
洗脏了	扫干净
洗破了	冲干净

有少数单音节形容词，如"热、饿、累"也可以带结果补语，但作补语的只限于"死、垮、病"等少数单音节动词。例如：

(15) 热死(两个人)　　　　(他没有)饿死
(16) (几乎把他)累垮了
(17) (把他)累病了

(四) 带趋向补语的述补词组

带趋向补语的述补词组也有两个明显的特点：一是补语和述语直接粘

连,这跟带结果补语的述补词组相同;二是作补语的只限于趋向动词。例如:

(18) 放进去　挖出　写上去
　　 跑回来　冲开　退下来

汉语里的趋向动词总共有二十四个,可分为三组:

第一组"来、去"两个。所表示的趋向是以说话人的位置或说话人的立场为基准的。

第二组"上、下、进、出、回、过、起、开"等八个。所表示的趋向是以运动事物自身原先的位置为基准的。

第三组"上来、下来、进来、出来、回来、过来、起来、开来、上去、下去、进去、出去、回去、过去"等十四个。这是由第二组跟第一组的趋向动词组合而成的,一般称之为"复合趋向动词"。它们所表示的趋向既跟说话人的位置或立场有关,又跟运动的事物位移的方向有关。

以上三组动词的配合如下表:

第一组 \ 第二组第三组	上	下	进	出	回	过	起	开
来	上来	下来	进来	出来	回来	过来	起来	·开来
去	上去	下去	进去	出去	回去	过去	——	——

"·开来"表示"开来"与别的趋向动词不同,它只能作补语,不能单独成句。

趋向补语所表示的意义有两种,一是表示实在的动作行为的趋向,这时作述语的成分只限于动作动词,例如:

(19) 拿出　坐下来　走回去　拉过来

二是表示种种抽象的引申意义。有的表示估计,含有从某一方面看的意思。例如:

(20) 看来　说来　想来　看去　听去

有的表示完成。例如:

(21) 关上　戴上　吃上　买上　脱下

有的表示动作开始进行,并还在继续进行;或者表示某种状态开始发展,而且程度还在继续加深。例如：

(22) 唱起来　说起来　恨起来
(23) 好起来　坚强起来　紧张起来

有的表示动作已经进行，并将继续往下进行，或者表示某种状态已经存在并将继续发展：

(24) 唱下去　说下去　写下去
(25) 热下去　瘦下去　松懈下去

从上面举的例子看，当趋向补语表示引申意义时，作述语的成分就可以不限于动作动词，甚至形容词也可以。

（五）带可能补语的述补词组

上述带结果补语的述补词组和带趋向补语的述补词组，中间加进"得"或"不"就构成带可能补语的述补词组，加"得"的是肯定形式，加"不"的是否定形式。例如：

(26) 看完 → 看得完
　　　　　看不完
(27) 洗干净 → 洗得干净
　　　　　　洗不干净
(28) 走进去 → 走得进去
　　　　　　走不进去

"看得完"是能看完的意思，"看不完"是不能看完、没法看完的意思。所谓"中间加进'得'或'不'"这样的说法是一种方便的说法，事实上从带可能补语的述补词组的内部实际构造来说，肯定形式应分析为：

看得　完　　走得　进去
<u>　1　</u> <u>2</u> 　<u>　1　</u> <u>　2　</u>　　1-2 述补关系

即"得"是属于述语部分的。否定形式应分析为：

看　不完　　走　不进去
<u>1</u> <u>　2　</u>　<u>1</u> <u>　2　</u>　　1-2 述补关系

即"不"是属于补语部分的。

这种述补词组，一般说来否定形式的使用频率比肯定形式高得多，特别是当述语由双音节词充任时，一般不用这种肯定形式的述补词组。试比较：

(29) 打扫不干净　　？打扫得干净
　　　讨论不明白　　？讨论得明白
　　　理解不透　　　？理解得透
　　　调查不清　　　？调查得清
　　　研究不出　　　？研究得出

当要表示肯定形式的意思时，一般用另一种形式，例如：

(30) ？研究得清楚→能研究清楚
　　　？回答得好→能回答好
　　　？检查得出来→能检查出来

（六）带状态补语的述补词组

带状态补语的述补词组有两个明显的特点：一是一定带"得"；二是作补语的成分可以很简单，只由一个词充任，如"唱得好"，也可以很复杂，由词组充任，如"唱得大家都惊呆了"，作补语的成分是个主谓词组。再例如：

(31) 问得好
(32) 坐得整整齐齐
(33) 急得哭了
(34) 写得很工整
(35) 理解得正确、全面
(36) 看得忘了吃饭
(37) 干净得一点灰尘都没有

这些例子里作补语的成分各不相同——例(31)是一个形容词，例(32)是一个状态词，例(33)是"动词＋了"形式，例(34)是形容词性的偏正词组，例(35)是形容词性的联合词组，例(36)是述宾词组，例(37)是主谓词组。

值得注意的是，当补语由单个形容词充任时，这样形成的述补词组跟带可能补语的述补词组（肯定形式）相同。例如，"洗得干净"，既可理解为"洗得很干净"，把它看作是带状态补语的述补词组，这时它的否定形式是"洗得不干净"；也可以理解为"能洗干净"，把它看作是带可能补语的述补词组，这时它的否定形式是"洗不干净"。

(七) 带程度补语的述补词组

带程度补语的述补词组带有凝固性和习语性,有两小类:

一类不带"得",常用的格式是"～极了""～死了""～坏了""～透了"等。例如:

(38) 苦极了　　暖和极了
(39) 热死了　　难闻死了
(40) 乐坏了　　高兴坏了
(41) 恨透了　　坏透了

注意,充任程度补语的"死、坏"都表示引申意义,这跟充任结果补语的"死、坏"不同。试比较:

　　　A　　　　　　　　B
这地方脏死了　　打死了一只狗
我乐坏了　　　　别把衣服扯坏了

另一类带"得",常用的格式是"～得很""～得不得了""～得了不得"等。例如:

(42) 好得很　　　宝贵得很　　　懒得很
(43) 好得不得了　宝贵得不得了　懒得不得了
(44) 好得了不得　宝贵得了不得　懒得了不得

下面两个述补词组,从意思上看补语好像是表示程度的:

(45) 气得肺都炸了
(46) 瘦得只剩下一副骨头架子了

但一般还是归入状态补语一类。这里需要记住的一点是:带程度补语的述补词组都是带有凝固性、习语性的格式。

(八) 带时地补语的述补词组

带时地补语的述补词组一个明显的特点是作补语的成分都是介词结构。例如"发生在去年"这一述补词组应分析为:

```
发生　在　去年
 1     2        1-2 述补关系
       3   4    3-4 介词结构
```

下面是同类的例子:

(47) 生在北京
(48) 生于一九五〇年
(49) 开向/往昆明
(50) 来自黄土高原
(51) 写到晚上十一点
(52) 睡到上海

练 习

一、解释下列名词术语。
  1. 双宾语
  2. 施事宾语
  3. 与事宾语
二、按下列要求举例。
  1. 宾语为施事的述宾结构
  2. 宾语为工具的述宾结构
  3. 宾语为处所的述宾结构
  4. 宾语为内容的述宾结构
三、汉语里的数量宾语有哪几种类型?"看了两回"里的"两回"属哪种类型的数量宾语?
四、指出下列述补词组中的补语属于哪种类型(结果、趋向、可能、状态、程度、时地)。
  1. 打破了   2. 染红了
  3. 气坏了   4. 累极了
  5. 跑出去   6. 跑得出去
  7. 跑不出去   8. 飞往北京
  9. 写于1980年   10. 吓得话都说不出来
  11. 洗得雪白   12. 冻死了
  13. 写清楚   14. 写得很清楚
  15. 写得清楚   16. 写不清楚
  17. 走下来   18. 来自青海

19. 唱得让大家都惊呆了　　20. 喜欢得不得了

五、下面都是带趋向补语的述补词组,试问,各例A、B组的趋向补语表示的意义有什么不同?

1. A. 站起来
   B. 冷起来
2. A. 跑下去
   B. 演下去
3. A. 爬上(山坡)
   B. 吃上(大米饭了)
4. A. 飞来
   B. 看来

六、用层次分析法分析下列各句的结构。

1. 他写出来的字有的大有的小。
2. 多问问没有坏处。
3. 他整整干了三个月。
4. 找他来也不解决问题。
5. 小李连忙跑回家告诉他父亲。
6. 我们坚信人民群众有无限的创造力。
7. 买个录音笔有没有必要?
8. 周教授说,对立统一的规律是宇宙的根本规律。
9. 两本杂志、一份报纸我已经都收起来了。
10. 形式和意义相结合是我们一贯倡导的语法研究的基本原则。

七、指出并改正下列各句的语法错误。

1. 大家密切配合,越战越勇,连续打败了敌人五次进攻。
2. 敌人用四个团的兵力从两面向我无名高地夹攻,企图强占和吃掉我无名高地上留守的兵力。
3. 到工厂的当天下午,王技术员便详细地同我们讲解了变天然气为液化氨,再变液化氨为尿素,而且还带领我们参观了每个车间。
4. 舞剧《丝路花雨》用生动的艺术形象阐明了"历史悬明镜,强盛不闭关"。
5. 学生对这类问题,是有困难的。
6. 汉武帝不仅在政治上采取了一系列卓有成效的改革,而且在经济上采取了许多有利于发展生产的革新。
7. 同窗共读四载,情深如同手足,这种情谊是最值得珍贵的。
8. 我们把房子打扫得干干净净、整整齐齐。

第六讲　单　句(下)

五、修饰语和中心语

在第二讲里我们指出,偏正词组的核心是后一部分,前一部分对后一部分起修饰限制的作用,一般称前一部分为修饰语,后一部分为中心语。下面都属于偏正词组:

A	B
纸飞机	悄悄地说话
当代文学	经常游泳
小莉的妈妈	相当喜欢
我们的老师	急急忙忙地跑出来
大房子	慢慢儿走
干净手绢儿	非常好
大大的双眼	格外漂亮
两封信	特别干净
三件衣服	(他)的确老实巴交的

上面所举的偏正词组,从造句中的作用和所表示的语法意义看,得分成两类:A组是一类,整个词组表示事物,具有名词性;B组是另一类,整个词组表示行为动作或性质状态,具有动词、形容词或状态词的性质。为区别起见,我们管A组偏正词组里的修饰语叫"定语",整个偏正词组称为"定—中"偏正词组;管B组偏正词组里的修饰语叫状语,整个偏正词组称为"状—中"偏正词组。

(一) 汉语里的定语和状语

在许多语言里,区分定语和状语就看中心语的性质——中心语是名词,它的修饰语是定语;中心语是动词或形容词,它的修饰语是状语。英语就是这样。汉语则不能简单地依据中心语的性质来判断修饰语是定语还是状

语。请看(加点的部分是中心语):

A."定—中"偏正词组　　　　B."状—中"偏正词组
　　干净手绢儿　　　　　　　(她)常常游泳
　　春天的到来　　　　　　　(她)相当漂亮
　　狐狸的狡猾　　　　　　　(她)才副教授

A组是"定—中"偏正词组,其中心语有名词(手绢儿)、动词(到来)、形容词(狡猾);B组是"状—中"偏正词组,其中心语也是有名词(副教授)、动词(游泳)、形容词(漂亮)。确定汉语的修饰语是定语还是状语,得看整个偏正词组的性质。名词性或者说体词性偏正词组里的修饰语是定语。例如:

(1) 木头的桌子
(2) 干净手绢儿
(3) 春天的到来
(4) 经济的发展
(5) 太阳的温暖
(6) 他的伟大

这些偏正词组尽管它们的中心语是不同性质的词(名词、动词或形容词),但是整个词组的性质却是相同的,它们主要作主语、宾语,在意义上指称事物,所以都是体词性偏正词组,它们的修饰语都是定语。而谓词性偏正词组里的修饰语是状语。例如:

(7) 常常来
(8) 认真地学习
(9) 很认真
(10) 的确漂亮
(11) 的确滑滑的
(12) 才三个苹果

这些偏正词组尽管它们的中心语是不同性质的词(动词、形容词、状态词或名词),但是都能直接作谓语,在意义上都具有陈述性,所以都是谓词性偏正词组,它们的修饰语都是状语。

(二) 作定语的成分

名词、形容词、状态词、区别词、代词、数量词都能作定语。例如:

(13) 铁门　　　　哥哥的车　　　　[名词]
(14) 香花　　　　漂亮衣服　　　　[形容词]
(15) 冰凉的手　　绿油油的庄稼　　[状态词]
(16) 男同学　　　所有的人　　　　[区别词]
(17) 我弟弟　　　这人　　　　　　[代词]
(18) 三个人　　　五本书　　　　　[数量词]

名词作定语时,有的可加"的"可不加"的":

(19) 铁门　　　　铁的门
　　 布衣服　　　布的衣服
　　 故事情节　　故事的情节
　　 群众力量　　群众的力量

有的一定要加"的":

(20) 书的内容　　人的高度
　　 姐姐的车　　小王的笔

有的加"的"不加"的"意思有区别。例如:

(21) 木头人　　　木头的人
　　 狐狸尾巴　　狐狸的尾巴

"木头人"是比况性的说法,说人呆板,像木头一样;"木头的人"是用木头雕刻的人。"狐狸尾巴"不一定真指狐狸的尾巴(如"那家伙终于露出了狐狸尾巴。");"狐狸的尾巴"一定是指狐狸的尾巴,是领属关系。

形容词作定语有的要加"的",有的可以不加"的"。例如:

(22) 热情的人　　　　＊热情人
　　 厚的那一本书　　＊厚那一本书
　　 先进的思想　　　先进思想
　　 深厚的友谊　　　深厚友谊

状态词作定语一般都要加"的",如上面所举的例(15),不能说成"冰凉手""绿油油庄稼"。但是,如果中心语带有数量词,也可以不用"的"。例如:

(23) 冰凉一双手　　绿油油一片麦田　　老老实实一个人

区别词作定语通常不加"的"。有的也可以加"的",加"的"含有强调的意味。试比较：

(24) 荤菜　　荤的菜
　　 彩色电视　彩色的电视
　　 急性肝炎　急性的肝炎

代词作定语有的加"的"，有的不加"的"。例如：

(25) 我的哥哥　　我哥哥
　　 我们的老师　我们老师
　　 谁的笔　　　*谁笔
　　 *这的人　　 这人
　　 *什么的书　 什么书

数量词作定语，一般不用"的"。例如：

(26) 三本书　　四口井
　　 七扇门　　八辆车

动词也能作定语。动词作定语一般要加"的"。例如：

(27) 挑选的人　　交的公粮
　　 查找的资料　订的合同
　　 采纳的意见　买的纸

如果把这些偏正词组里的"的"去掉，就变成述宾词组了。试比较：

　　 查找的资料［偏正］　　查找资料［述宾］

但是，如果作定语的动词是个兼名词的双音节动词，就可以不加"的"。例如"调查(的)结果"、"研究(的)题目"。

词组也能作定语，只是要加"的"。例如"学生宿舍的房间""教代数的老师"，前者是名词性偏正词组作定语，后者是述宾词组作定语。应分别分析为：

学生　宿舍的　房间　　　教　代数的　老师
　　　　1　　　 2　　　　　　 1　　　 2
　3　　 4　　　　　　　　　3　　4
1-2 "定—中"偏正　　　　　1-2 "定—中"偏正
3-4 "定—中"偏正　　　　　3-4 述宾

下面是各种类型的词组作定语的例子:

(28) 哥哥姐姐的书　　　　　[名词性联合词组]
(29) 庄严美丽的天安门　　　[形容词性联合词组]
(30) 分析研究的问题　　　　[动词性联合词组]
(31) 工人建造的楼房　　　　[主谓词组]
(32) 学习科学技术的积极性　[述宾词组]
(33) 写好的信　　　　　　　[述补词组]
(34) 全体同学的决心　　　　[名词性偏正词组]
(35) 很正确的意见　　　　　[形容词性偏正词组]
(36) 刻苦学习的人　　　　　[动词性偏正词组]
(37) 出去打电话的人　　　　[连动词组]
(38) 推去修理的车　　　　　[连动词组]
(39) 派他去学习的问题　　　[递系词组]
(40) 请他来的目的　　　　　[递系词组]

有少数介词结构带上"的"也能作定语。例如:

(41) 对群众的态度

再如:

(42) 对于住房的意见
(43) 关于治理污水的建议

(三) 定语和中心语意义上的联系

定语是修饰限制中心语的,这是概括的说法。实际上,定语和中心语在意义上的联系是多种多样的。就拿中心语为名词的"定—中"偏正词组来说,定语与中心语在意义上会有以下多种联系:

1. 表示性质。例如:

(44) 新工人　　　　正确意见
　　 红苹果　　　　干净衣服

2. 表示状态。例如:

(45) 通红的炉火　　雪白的墙壁
　　 绿油油的庄稼　水汪汪的眼睛

3. 表示领属。例如：

(46) 学校的房子　　我们宿舍
　　 大象的鼻子　　桌子腿儿

4. 表示质料。例如：

(47) 木头桌子　　塑料口袋
　　 铁的椅子　　布的衣服

5. 表示用途。例如：

(48) 喝水的杯子　　包书的纸
　　 切熟肉的刀　　堆化肥的仓库

6. 表示数量。例如：

(49) 三张扑克牌　　五支笔
　　 两箱子书　　　两把钥匙

7. 表示处所或时间。例如：

(50) 山上的果树　　北京的街道
(51) 昨天的报纸　　今年的产量

8. 指明内容。例如：

(52) 友谊第一比赛第二的方针
　　 各尽所能按劳分配的原则

9. 同位，即定语和中心语所指相同，只是说法不同，彼此间或是称代关系，或是注释关系。例如：

(53) 我们全体同学　　小张他们
(54) 首都北京　　　　方志敏烈士

(四) 作状语的成分

一般人总以为只有副词才能作状语，因此，就同时认为作状语的就是副词。这种认识是不符合汉语事实的。副词固然能作状语，而且它只能作状语，但是作状语的并不限于副词。

副词都能作状语。例如：

(55) 很干净　　　　悄悄走进来
　　已经看完了　　常常迟到

部分形容词也能作状语。例如：

(56) 慢走　　　　细看
　　认真对待　　努力学习

少数状态词也能作状语。例如：

(57) 慢腾腾地走来　　规规矩矩地坐着

时间名词、处所名词也能作状语。例如：

(58) 明天到齐　　下午开吧　　［时间词］
(59) 屋里谈　　　北京见　　　［处所词］

例(58)是时间名词作状语，例(59)是处所名词作状语。当时间名词或处所名词为状语时，要注意同时间名词或处所名词为主语的情况相区别。试比较"明天见"和"明天要开会"，前者是偏正词组，后者是主谓词组。从意义上看，"明天见"里的"明天"不是陈述对象，而是表示到什么时候见面，着重说明动作行为发生的时间；"明天要开会"里的"明天"则是陈述对象，整个词组表示这个时间用来干什么。反映在语音上，二者也有区别。时间名词为状语时，重音在时间名词上；时间名词为主语时，重音在谓语部分的"开会"上。请看：

　　'明天　　见　　　　　明天　　要'开会
　　 1　　　 2　　　　　　1　　　　2
　　1-2"状—中"偏正　　　1-2 主谓关系

某些词组也能作状语。最常见的是介词结构作状语。例如：

(60) 对老师很尊敬

下面都是介词结构作状语的例子：

(61) 向他学习　　　为人民服务
　　把敌人消灭了　在杭州开会

由某些形容词组成的联合词组也常作状语，一般需带上"地"。例如：

(62) 干净、彻底、全部地消灭敌人

　　　　全面、正确地论述了这个问题

下面作状语的是一种特殊的联合词组,请先看实例:

　　(63) 大家你一句我一句地讨论开了
　　(64) 那老奶奶一把鼻涕一把眼泪地哭起来了
　　(65) 她老是你呀我的说个没完

这种联合词组跟前面讲过的联合词组不同。从意义上看,这种联合词组的每一项并非实指,整个词组的意义并不等于每一项意义的机械的总和,例如"你一句我一句"是说"这个说一句,那个说一句",并非实指"你"和"我";从语法功能上看,这种联合词组的语法功能跟组成成分的语法功能不一定一致,如例(65)里的"你呀我的"是作状语,而"你""我"是名词性的人称代词,根本不能作状语。这种联合词组一般称为"比况性联合词组"。

　　此外,前面讲过的状中偏正词组、主谓词组和少数述宾词组、述补词组也都能作状语。例如:

　　(66) 非常热情地接待　　　　　　　["状—中"偏正词组]
　　　　 很细心地观察　　　　　　　　["状—中"偏正词组]
　　(67) 面对面谈　　　　　　　　　　[主谓词组]
　　　　 举止大方地说　　　　　　　　[主谓词组]
　　(68) 满怀信心地向前走　　　　　　[述宾词组]
　　(69) 叠得整整齐齐地放在那里　　　[述补词组]

表示动量的数量词也能作状语。例如:

　　(70) 一口吞下　　一次解决　　两趟运完

(五) 修饰语的层次

在偏正词组中,修饰语不止一个时,如何分析,这里有一个层次问题。请先看下面两个偏正词组:

　　(71) 一个商店的服务员
　　(72) 不适当地管教孩子(对孩子成长不利。)

例(71)是定中偏正词组,例(72)是状中偏正词组。这两个偏正词组都可以有两种分析法,不同的分析意思就不一样。例(71)既可以分析为:

```
一个   商店的  服务员
 1   ____2____      1-2 "定—中"偏正
     ___3___ __4__  3-4 "定—中"偏正
```

也可以分析为：

```
一个   商店的  服务员
_____1_____  __2__   1-2 "定—中"偏正
_3_ _4_                3-4 "定—中"偏正
```

按前一种分析，"一个"是修饰"商店的服务员"，服务员只有一个；按后一种分析，"一个"是修饰"商店"的，"一个商店"这个偏正词组再去修饰"服务员"，服务员一般就不止一个。例(72)既可以分析为：

```
不   适当地   管教孩子
1  ____2____      1-2 "状—中"偏正
   ___3___ __4__  3-4 "状—中"偏正
```

也可以分析为：

```
不   适当地   管教孩子
_____1_____  __2__   1-2 "状—中"偏正
_3_ _4_                3-4 "状—中"偏正
```

按前一种分析，"不"是修饰"适当地管教孩子"，整个偏正词组表示的基本意思是"不管教孩子"；按后一种分析，"不"是修饰"适当"的，"不适当"又去修饰"管教孩子"，整个偏正词组表示的基本意思是"管教孩子了，但方法不适当"。

如果一个中心语之前有几个修饰语，这种偏正词组从内部构造关系看不外以下几种类型：

1. 修饰语是一个联合词组，例如：

(73)（维护）老师同学的利益
(74) 勤劳勇敢的人民
(75) 认真仔细地观察地形
(76) 积极努力地做好工作

这时联合词组作为整体去修饰中心语，上面的四个例子应分别分析为：

```
老师  同学的  利益        勤劳  勇敢的  人民
      1      2                1     2
  3     4                  3      4
        1-2 "定—中"偏正   3-4 联合关系
认真  仔细地  观察地形    积极  努力地  做好工作
      1       2               1      2
  3     4                  3      4
        1-2 "状—中"偏正   3-4 联合关系
```

2. 修饰语本身是偏正词组，例如：

(77) 我哥哥的书包

(78) 十分繁重的任务

(79) 非常刻苦地学习

(80) 极早解决问题

这些例子应分别分析如下：

```
我  哥哥的  书包            1-2 "定—中"偏正
       1    2
   3    4                   3-4 "定—中"偏正
十分  繁重的  任务           1-2 "定—中"偏正
       1     2
   3    4                   3-4 "状—中"偏正
非常  刻苦地  学习           1-2 "状—中"偏正
       1     2
   3    4                   3-4 "状—中"偏正
极  早  解决问题             1-2 "状—中"偏正
      1    2
  3   4                     3-4 "状—中"偏正
```

3. 中心语是偏正词组，例如：

(81) 新的蓝布衬衫

(82) 宇宙的根本规律

(83) 重新认认真真地检查了一遍

(84) 已经把他请来了

例(82)和例(83)应分别分析如下：

```
宇宙的   根本   规律
  1       2           1-2 "定—中"偏正
          3     4     3-4 "定—中"偏正

重新   认认真真地   检查了一遍
  1          2                1-2 "状—中"偏正
             3           4    3-4 "状—中"偏正
```

(六) 在修饰语和中心语的组合中要注意的问题

1. 要注意修饰语和中心语的配合。

定语和状语都是修饰中心语的,修饰语和中心语一定要配合好,请看下面一段话：

(85) 周恩来总理以他崇高的革命精神,卓越的外交才能,丰富的斗争经验,渊博的学识,和非凡的精力,赢得了世界各国人民的爱戴和敬佩。

这段话中修饰语和中心语配合得非常恰当。用"崇高"来修饰"革命精神",用"卓越"来修饰"外交才能",用"丰富"来修饰"斗争经验",用"渊博"来修饰"学识",用"非凡"来修饰"精力",五个修饰语和五个中心语都各得其所,配搭得十分精当,全面准确地概括了周总理伟大的精神和杰出的才华,让读者深深感到周总理赢得世界各国人民的爱戴和敬佩是理所当然的。

在组织句子时,不注意修饰语和中心语的配合,会使文句语义不通。例如：

(86) *金色的秋风送来了粮食增产的喜讯。

(87) *宋老师那双由于少眠而略显疲倦的眼神告诉我们,他昨天又开夜车了。

(88) *让我们在通向现代化的航道上阔步前进!

例(86)"金色的秋风"根本不通。秋天是收获的季节,所以人们常常用"金色"来形容秋天。可是"秋风"决不能用"金色"来修饰。可改为"十月的秋风"。例(87)"那双……眼神"中的"双"应删去,眼神不能论"双",眼睛才论"双"。例(88)"在通向现代化的航道上"是个介词结构,作状语,修饰"阔步前进";"航道"是指水上或空中的通道,在"航道"上是没法"阔步前进"的。

如要保留"阔步前进",应将"航道"改为"道路",否则,将"阔步前进"或改为"奋勇前进",或改为"乘风破浪,勇往直前"。

不注意修饰语和中心语的配合,有时还会使句子不符合语言习惯。例如:

(89)＊有待解决的任务很多,我们要努力工作。

(90)＊有一出很古老很美的童话故事。

例(89)的"有待解决的任务"和例(90)的"一出……故事"都不符合汉语习惯。因为没有"解决任务"或"任务解决了"的说法,所以"有待解决"不能作"任务"的定语,应改为"有待完成的任务"。"故事"论"个","戏"才说"一出"。

汉语中有一种指明中心语内容的定语。例如:

(91) 保护动物就是保护人类自身的论断

(92) 反对腐败、提倡廉洁的口号

这种定语是用来指明中心语的具体内容的。从另一个角度说,中心语是指明修饰语的内容所属的类别的。如例(91)修饰语"保护动物就是保护人类自身"这一定语指明了中心语"论断"的具体内容;从另一个角度说,"保护动物就是保护人类自身"是属于"论断"一类的。例(92)也是这样,修饰语"反对腐败、提倡廉洁"指明了中心语"口号"的具体内容。这种偏正词组用得很普遍,但是经常有人用错,主要是滥用"教导""指示"之类的词,使中心语不能正确表示修饰语内容的类别。例如:

(93) ＊针对自己存在的问题,我又反复学习了毛主席关于"许多共产党员在组织上入了党,在思想上并没有完全入党,甚至完全没有入党"的教导,这使我进一步认识到,我的要害是思想还没有入党。

(94) ＊大家学习了毛主席关于"我们中华民族有同自己的敌人血战到底的气概,有在自力更生的基础上光复旧物的决心,有自立于世界民族之林的能力"的指示,大大增强了实现四个现代化的信心。

例(93)、例(94)都摘引自"文化大革命"期间的某报纸。当时,"教导""指示"随处可见,到处都可以听到,用得很滥,用错的不少。例(93)毛主席所说的那段话,从内容看,不是教导性的,而是批评性的,中心语用"教导"极为不妥。考虑到"毛主席关于……"这个偏正词组在句中作"学习"的宾语,所以中心语改作"这一段话"为宜。例(94)所引的毛主席那段话,从内容看不是指示性的,是论述性的,用"指示"作中心语不确切。

2. 要注意修饰语的位置。

修饰语的位置,在汉语里,是一个重要问题。有的时候,位置不同,意思就很不一样,例如"不完全对"和"完全不对"这两个偏正词组,所用的词都相同,但意思却相差很远,这就是因为修饰语"不"和"完全"的位置变化造成的。下面的病句都是修饰语的位置摆错了:

(95) ＊考古、历史科学工作者对两千多年前在长沙马王堆一号墓新出土的文物进行了多方面的研究。

(96) ＊在职工们倡议下,勤丰购物中心建立起来的劳资双方每半年举行一次协商会议的制度一直坚持到现在。

例(95)毛病出在介词"对"后面的那个名词性偏正词组上。现在句子里的那个名词性偏正词组只能分析为:

```
两千多年前    在长沙马王堆一号墓新出土的    文物
_____    _____    ____
                       1                        2
_____    _____
     3                        4
1-2 "定—中"偏正      3-4 "状—中"偏正
```

按现在这个句子的说法,"两千多年前"是作"在长沙马王堆一号墓新出土"的状语,这样,文物就该是两千多年前出土的了。这显然违背事实,也不是作者的意思。造成这种表达上的混乱的原因就在于"两千多年前"这个修饰语放错了位置。它应该加上"的"放在"文物"前作定语,即:

```
在长沙马王堆一号墓新出土的    两千多年前的    文物
_____    _____    ____
              1                        2
                              _____    ____
                                    3           4
1-2 "定—中"偏正      3-4 "定—中"偏正
```

例(96)是某报新闻报道中的一句话。从报道内容看,勤丰购物中心劳资双方每半年举行一次协商会议的制度是在职工们的倡议下建立起来的。显然,句中的介词结构"在职工们倡议下"应该放在"建立起来"之前,而不宜放在句子头上。按现在的句子构造,似乎"劳资双方每半年举行一次协商会议的制度一直坚持到现在",是在职工们倡议下才实现的。这显然不符合报道的原意。

3. 要注意书面上"的"和"地",它们读音相同,都是轻声 de[tᵊ],但用法不同：定语后面用"的"，状语后面用"地"。例如：

(97) 这座临江傲立的古城——南京，已有两千四百年历史。

(98) 透过荔枝树林，我沉吟地望着远远的田野，那儿正有农民立在水田里辛辛勤勤地分秧插秧。

现在，常常有人把状语后面的"地"写成"的"。例如：

(99) *大家吃力的往上爬着，一个小时后，大家终于都登上了山顶。

(100) *如今的北京城，除了紫禁城作为故宫博物院被完整的保护起来之外，其他城墙基本上都已拆除，变成了环市公路、地下铁道和美丽的街心花园。

例(99)里的"吃力"和例(100)里的"完整"都是作状语，它们后面的"的"都应改为"地"。

我们不仅要分辨清楚"的"和"地"的不同用法，还要注意不要把"的"跟述补词组中的"得"相混。述补词组中的"得"读音也是 de[tɕə]，因此常常有人把述补词组中的"得"写成"的"。例如：

(101) *这家酒店不论是内部的管理或外部的联系都搞的很好。

(102) *他每天都起的很早，到公园打太极拳。

(103) *他写啊写啊，写的手都发酸了。

上面三例述补词组中的"的"都应改为"得"。有的句子似乎可以用"的"，也可以用"得"，例如：

(104) 他说的大家都信了。

(105) 他说得大家都信了。

其实二者在意思上是有差别的。例(104)是说"他所说的情况大家都信了"；例(105)则是说他很会说话，某情况原先大家不怎么信，经他一说大家都信了。

4. 不要堆砌修饰语。

在写作中根据表达的需要恰当地使用修饰语，就会使意思表达得准确、生动。但是，如果不管有没有必要，不管恰当不恰当，一味堆砌修饰语，那就不好了，就会得到相反的结果。下面的例子都犯了堆砌修饰语的毛病：

(106) *收音机里传来了振奋人心的令人兴高采烈、欣喜若狂的特大喜讯。

(107) *我终于来到了盼望已久的、宽广、辽阔、庄严、雄伟、壮观的天安门广场。

例(106)有了"振奋人心"这个定语就够了,"兴高采烈"是多余的,"欣喜若狂"根本就用得不是地方。例(107)"天安门广场"前堆的那些修饰语,有的语意重复,有的也不恰当,读起来很别扭。全句宜改为:

(108)我终于来到了盼望已久的天安门广场,它是那样的宽广、雄伟。

练　习

一、什么叫定语？什么叫状语？

二、指出下列偏正词组中修饰语和中心语在意义上的联系。

1. 好书　　　　　　　2. 慢动作
3. 弟弟的车　　　　　4. 上海的马路
5. 玻璃杯子　　　　　6. 喝汤的勺儿
7. 上月的杂志　　　　8. 炒菜的锅
9. 长篇小说《李自成》　10. 布鞋
11. 五本书　　　　　　12. 车间主任王志强
13. 慢慢走　　　　　　14. 已经完成
15. 十分诚恳　　　　　16. 干干净净的房间
17. 亮晶晶的水珠　　　18. 艰苦奋斗的传统
19. 择优录取的原则　　20. 仔细观看

三、用层次分析法分析下列各句的结构。

1. 他喊得嗓子都哑了。
2. 这本书我不知道他看得懂看不懂。
3. 为人民服务光荣。
4. 我们乡现在已经有一百多个有大学文化水平的青年。
5. 这是对全国人民的巨大鼓舞。
6. 新发明的专治感冒的药丸的疗效很不错。
7. 我记不起来他英语说得流利不流利。
8. 我喜欢他姐姐那一台有四个喇叭的收录机。
9. 这是刚恢复广播的戏曲节目。
10. 争取对人类做出较大的贡献。

四、指出并改正下列各句的语法错误。
1. 张大娘说出了积压在妇女心里的几千年的话。
2. 他以奔放的喉咙歌唱了我们伟大的祖国。
3. 实现农业现代化,会遇到许多不熟悉的新情况、新问题、新经验。
4. 几年来,他们对全村的土壤酸碱度做了测量和氮、磷、钾试验,为科学种田提供了科学根据。
5. 人们都以亲切的目光倾听着他的发言。
6. 他叙述了一个未成年的工人的女儿误入歧途的故事。

第七讲 复 句

一、什么叫复句

根据表达的需要,我们把两个或两个以上的单句按照某种逻辑联系组合在一起,成为一个较复杂的句子,这种句子叫作复句。复句内部的各个单句叫分句。例如:

(1) 广大中小学教师为培养我们的下一代付出了艰辛的劳动,他们应该受到社会的普遍尊重。

这个复句包含两个分句,它们是按照因果关系组合在一起的。两个单句要是意思上不可能有一定的逻辑联系,就不能组成复句,例如"他有克服困难的精神"和"我今天没能来上课"就不能组合在一起,构成一个复句。

复句中各分句之间有较小的停顿,在书面上用逗号(,)或分号(;)表示,整个复句之后有较大的停顿,在书面上一般用句号(。)表示。例如:

(2) 不管她信不信,事实总是事实。(赵树理《田寡妇看瓜》)

(3) 语言,人们用来抒情达意;文字,人们用来记言记事。(转引自《标点符号用法》)

(4) 这种粽子并不十分合北方人的口味,因为馅儿里面硬放上火腿或脂油;北方人对糯米已经有些胆怯,再放上火腿什么的,就更害怕了。(老舍《四世同堂》)

例(2)是个只有一个层次的条件复句,分句间用逗号。例(3)是只有一个层次的并列复句,但是各分句内已经用了逗号,为了显示分句间的并列关系,分句之间用了分号。例(4)包含多个分句,而且不止一个层次,在第一个层次上的分句间用了分号。

二、复句的类型(上)——联合复句

复句的分句之间在意义上的联系是多种多样的,根据它们意义上的不

同联系,我们可以把复句分成各种类型。首先可以分成两大类:联合复句和主从复句。例如:

(1) 乌云已经驱散,道路已经打通。
(2) 没有阳光、空气和水,就没有生命。

例(1)是联合复句,因为它的两个分句分别说明有关联的两件事,它们之间的关系是平等、并列的。例(2)是主从复句,因为两个分句的地位不平等,前一个分句提出一种假设,后一个分句说出这种假设情况下所产生的结果;前一个分句是次要的,叫从句,后一个分句是主要的,叫主句。

这一节先介绍联合复句。联合复句的各分句地位平等。具体地说,联合复句主要表示以下几种关系:

(一) 并列

各分句分别说明或描写几件事、几个情况,或同一事件的几个方面。例如:

(3) 同种电荷互相排斥,异种电荷互相吸引。
(4) 老师都很关心学生,学生都很尊敬老师。
(5) 他胸怀宽大,他心地坦白,他无私无畏。
(6) 江水很深,水流又急。
(7) 战士们一面学文化,一面练习军事技术。

表示并列关系的复句,有时不用关联词语,如例(3)—(5);有时用关联词语,如例(6)和例(7)。常用的关联词语有"又……又……""既……又……""既……也……""一面……一面……"(如例(7))"一边……一边……""一来……二来……""一则……二则……"和"时而……时而……"等。例如:

(8) 他又是市特级教师,又是市人民代表。
(9) 他们既有明确的要求,又有具体的措施。
(10) 既要看到自己的进步,也要看到自己的不足。
(11) 他们一边慢慢往前走着,一边谈论着什么。
(12) 他决定亲自登门拜访王强,一来算是"回访",二来想探探王强的口气。
(13) 他时而清醒,时而糊涂。

(二) 连贯

按时间顺序叙述连续发生的几件事。例如：

(14) 他们从地上爬起来，揩干净身上的血迹，掩埋好同伴的尸首，他们又继续战斗了。
(15) 乔厂长前脚走，沈秀琼后脚就跟了出来。
(16) 开始只来了五六个人，接着又来了十来个人，后来又来了七八个人。

表示连贯关系的复句，分句之间常用的关联词语有"又""就""接着"等，如上面所举各例。这种复句，有时不用关联词语，完全靠分句的排列顺序表示，例如：

(17) 我温了酒，端出去，放在门槛上。
(18) 他回到家里，拿出成绩单，送到妈妈手里。

(三) 对立

前后两个分句正反对举，语义相反。分句间常用"要……不要……""是……不是……""不是……而是……"等关联词语。例如：

(19) 要讲团结，不要分裂。
(20) 是他不让我去，不是我不愿意去。
(21) 他不是笨，而是装糊涂。
(22) 非洲人民不是为了反抗而反抗，而是为了民族独立而反抗。

(四) 选择

分别说出几种情况，要求从中选择一种，表示"或此或彼""非此即彼"或者"与其这样不如那样"等意思。例如：

(23) 或者你去，或者我去，或者我们一起去。
(24) 他每天不是看书，就是伏在桌上写东西。
(25) 宁肯站着死，也不跪着生。

例(23)三个分句用"或者"连接，表示"或此或彼"的意思，是一种商量的口气，语气委婉。表示这类意思的关联词语还有"要么……要么……"，如例(23)也可以说成"要么你去，要么我去，要么我们一起去"。例(24)两个分句用"不是……就是……"连接，表示"非此即彼"，二者必居其一的意思，语气肯定。例(25)用"宁肯……也……"连接,表示把两件事加以比较,衡量得失(甲不如乙,或乙不如甲),进行取舍。所用的关联词语,除"宁肯……也……"外,还可用"与其……不如……""宁愿(宁可)……也……"。例(25)也可以说成:

(26) 与其跪着生,不如站着死。
(27) 宁愿站着死,也不跪着生。

以上所说的选择复句,都是陈述句式。疑问句式用"(是)……还是……",例如:

(28) 去杭州呢,还是去桂林呢,还是去昆明呢?
(29) 他是真的不懂,还是明知故问?

(五) 递进

表示后一分句比前一分句在意思上进了一层。例如:

(30) 我们不但善于破坏一个旧世界,我们还将善于建设一个新世界。
(31) 这玩意儿不仅我们没见过,张老师也没见过。
(32) 我去医院看望过他,而且看望过三次。
(33) 不但我没见过,而且我妈妈、我奶奶也没见过。
(34) 他不仅勇敢,更有智谋。

这种复句常用的关联词语有"不但……还……""不仅……也……""而且""不但(不仅、不光)……而且……"等。

下面三个例子也是递进复句:

(35) 我看还是别走了。这一段山路很不好走,况且又是晚上。
(36) 让我去吧!我已经不小了,再说现在又没有别的合适的人。
(37) 北京都下雪了,何况哈尔滨!

"况且""再说""何况"也表示递进,可是跟"而且"有所不同,关于这一点参看第九讲"虚词"。

(六) 分合

表示分述和总说。例如:

(38) 青年学生都要努力做到三好:身体好,学习好,工作好。

(39) 当初,她选择这条道路出于两个原因:一是她的心愿,二是想摆脱对父母的依赖。
(40) 做,要靠想来指导;想,要靠做来证明;想和做是紧密地结合在一起的。
(41) 当面说得好听,背后又在捣鬼,凡是两面派都这样干的。

例(38)和例(39)第一个分句先总提,然后分述;例(40)和例(41)则先分述,然后最后一个分句总结。表示分合关系的复句至少包含三个分句,这一类复句实际已属于多重复句(参见本讲第四节)。

下面这个句子也是分合复句,跟前面举出的有所不同,分述部分是对总提部分的解释、说明:

(42) 我们所希望的是这样的青年,他们谦虚谨慎,又勇于创新,他们有远大的志向,又有科学的求实精神。

分合复句中表示分述的分句和表示总说的分句之间的停顿,可以用冒号来表示,如例(38)—(40);有时也用逗号表示,如例(41)—(42)。

三、复句的类型(下)——主从复句

主从复句的各个分句地位不平等,有主要次要之分,表示主要意义的分句叫主句,表示次要意义的分句叫从句。一般从句在前,主句在后。例如:

(1) 因为下雨,他今天就没有进城。

例(1)"他今天就没有进城"是主句,"因为下雨"是从句,用来说明"他"今天没有进城的原因。

主从复句主要表示以下几种关系:

(一) 假设

表示假设和结论的关系。从句提出一种假设,主句说出按这种假设所推出的结论。例如:

(2) 如果我们想让人们有工作可做,就必须发展经济、扩大贸易。
(3) 当初你若能帮他一把,他便不会落到今天这个地步。
(4) 假使你去请她还不来,那我就亲自去请。
(5) 要是你早一刻钟来,就能见到他了。

假设复句的从句里常用关联词语"如果""若""倘若""假使""假如""要是"等,主句里常有"就""便""那么""那"等与之呼应。这类复句有时不用关联词语。例如:

(6) 体制问题不解决,工作肯定搞不好。
(7) 你再不听话,我告诉妈妈去了。

(二) 条件

表示条件和结果的关系。从句提出条件,主句说出结果。例如:

(8) 只要你说得对,我们就改正。
(9) 领导者只有先当群众的学生,才能做群众的先生。

这两个例子都表示有条件,但又不同。例(8)用"只要……就……"连接,表示有这个条件就行,条件比较宽;例(9)用"只有……才……"连接,表示非这个条件不可,条件比较严。还有一种条件句,用"否则"连接,表示反意条件。例如:

(10) 除非你亲自去请,否则他是不会来的。
(11) 你不能再这样开夜车,否则你会病倒的。

下面是另一类条件复句,它们用"不管""不论""无论"或"任凭"连接。请看:

(12) 不管困难多大,我们也要克服。
(13) 不论是群众,还是干部,都应该实事求是。
(14) 无论到哪里,都要保持谦虚谨慎的精神。
(15) 任凭你怎么问他,他都不开口。

这些复句,表示无条件,这是不讲条件(即任何条件都如此)的条件句,主句中总有"都"或"也"起承接作用。

(三) 因果

表示原因和结果的关系。从句说原因,主句说结果。例如:

(16) 因为他肯下功夫,所以进步很快。
(17) 由于人多,一会儿就收拾完了。
(18) 我们是多年的老同学,因而彼此都很了解。
(19) 会前做了充分准备,因此会议开得很好。

因果复句常用的关联词语有"因为……所以……""由于……就……""……因而……""……因此……"等。

上面讲的是一般的因果复句。还有一种表示推论因果的复句,从句提出原因(理由),主句说出由此推出的结果。常用"既……就……""既然……那(么)……"连接。例如:

(20) 你既不爱他,就不应该再跟他来往。
(21) 他既然来了,那就住下吧。

(四) 转折

后一个分句不是顺着前一个分句的意思说下去,而是说出与前一个分句正相矛盾甚至相对立的意思。例如:

(22) 任务很重,但是我相信你们一定能完成。
(23) 雨已经停了,可是乌云并没有散开。
(24) 他本来答应去了,而后来又变卦了。
(25) 军事家不能超过物质条件许可的范围企图获得战争的胜利,然而军事家可以而且必须在物质条件许可的范围内争取战争的胜利。
(26) 小张是个性格开朗的人,这几天却沉闷起来了。
(27) 我还没有怪他呢,他倒埋怨起我来了。

表示转折关系的复句,主句一定要用"但是""可是""而""然而""却"之类的关联词,从句呢?可分两种情况来说,如果表示一般的转折关系,从句里不用什么连接词;当表示让步转折关系时,则从句要用"虽然""尽管""固然""即使"一类的连接词,以表示让步。所谓让步转折,即从句先退一步承认某种事实,然后主句转过来指出与之相反的一面。例如:

(28) 数九的天气虽然寒冷,但是边防战士的心却像火一样的热。
(29) 尽管花了很大力气,但收效不大。
(30) 派严秀英去固然可以,但不理想。
(31) 即使下大雪,我也要去。

注意:从句用"虽然""尽管""固然"都是说已然的事实;从句用"即使",既可以说已然的事实(如"他练长跑已整整三年了,即使刮风下雪,也不间断"),也可以说未然的事实,如例(31),甚至可以表示说话者所设想的事,例如"即使天塌下来,我们也要顶住"。说未然的事实时往往含有假设意味。

(五) 目的

从句说明要达到的目的,主句说明达到这一目的所采取的行动。从句常用的关联词语是"为了""为着"。例如:

(32) 为了方便顾客,商场延长了营业时间。
(33) 为了下一代能健康地成长,我们必须做好妇幼保健工作。
(34) 为着适应目前我国生产力的发展水平,企业经营管理方法需要作相应的改革。
(35) 为着改变干多干少一个样的不合理状况,工厂决定实行计时工资和计件工资相结合的工资制度。

(六) 倚变

后面的分句跟着前面的分句变,也就是说,主句跟着从句变,它们之间有一种倚变关系,如"谁知道,谁就说"意思是他知道他就说,你知道你就说。从句和主句中往往有相同的词语。例如:

(36) 你说怎么干,我们就怎么干。
(37) 谁愿意去,谁就去。
(38) 群众越信任你,你越要为群众着想。
(39) 他越是不愿意给我看那小盒儿,我越是想看。

注意,这类句子如将其中的停顿取消,把后一分句的主语也省掉,就变成单句了,如例(36)、(37)如果改说成"你说怎么干就怎么干""谁愿意去就去",就都成了单句了(参看本书第四讲第二节第(三)小节)。

(七) 时间

从句表示自然现象的变化,或者表示时间的推移,或者表示人或事物的某状态,以此说明主句所述情况的起点。从句里常有"刚""正""一"等时间副词,主句里常用"就"相呼应。例如:

(40) 天刚亮,肖老大就动身上路了。
(41) 快到吃饭的时候,顾客渐渐地少了。
(42) 我正为解不开那道代数题发愣呢,李老师来到了我的身边。

(43) 耿大爷的话音一落，儿子连旺就进门了。
(44) 枪声一响，一只刚起飞的野鸭子就应声直落下来。

上面介绍了常见的各种类型的复句。最后要指出一点，主从复句一般是从句在前，主句在后，但有时也可以主句在前，从句在后。例如：

(45) 这个任务你们是会完成得很好的，如果群众积极性真正调动起来的话。　　　　　　　　　　　　　　　　　　　　　〔假设〕
(46) 你明天能不能帮我修修电脑，要是你不忙的话。〔假设〕
(47) 一定能学好的，只要你肯下功夫。　　　　　　〔条件〕
(48) 他不会不来的，除非家里有什么急事儿。　　　〔条件〕
(49) 他忍受着，不管是怎样的疼痛。　　　　　　　〔条件〕
(50) 他没有去，因为他病了。　　　　　　　　　　〔因果〕
(51) 今晚却很好，虽然月光还是淡淡的。　　　　　〔让步转折〕
(52) 他从来没有皱过一下眉头，尽管工作遇到了许多困难。〔让步转折〕

这时，从句带有一种补充说明的意味，从而更突出强调了主句。这里特别需要指出的是，目的复句常常主句在前，从句在后，在这种情况下，从句里常用"为的是""以""以便""以免""免得""省得"等词语来表明目的关系。例如：

(53) 今天召集大家开会，为的是商量住房问题。
(54) 必须做好充分准备，以搞好秋收。
(55) 你先把情况调查清楚，以便开会研究处理。
(56) 应该总结经验教训，以免再犯类似错误。
(57) 最好提醒他一下，免得他忘了。
(58) 我打算搬进城去住，省得两头跑。

主从复句里的倚变复句和时间复句，主句和从句的位置不能变更，永远是从句在前，主句在后。

四、多重复句

一个复句如果包含三个或三个以上的分句，而且这些分句不在一个构造层次上，那就是多重复句。例如：

(1) 因为我们是为人民服务的，所以，我们如果有缺点，就不怕别人批评指出。

(2) 只要我们为人民的利益坚持好的,为人民的利益改正错的,我们这个队伍就一定会兴旺起来。

例(1)包含三个分句,可以分为两个层次。第一个分句和第二、第三两个分句是因果关系,这是第一个层次;第二个分句和第三个分句是假设关系,这是第二个层次。例(2)也包含三个分句,具有两个层次。第一、第二两个分句跟第三个分句是条件关系,这是第一个层次;第一个分句和第二个分句是并列关系,这是第二个层次。下面这个复句不是多重复句:

(3) 国家要独立,民族要解放,人民要革命。

这个复句虽然也包含三个分句,但三个分句是并列处在一个平面上,也就是说,这个复句只有一个构造层次,所以它不是多重复句,而是并列复句。

我们在碰到一个多重复句时,一定要统观全局,首先确定分句的数目,然后逐层分析各分句间的关系。在分析中,正确判断整个复句的性质和基本关系是最为重要的,第一步分析错了,下面就全乱了。现在再举几个例子,具体分析一下多重复句的层次构造。

(4) ①镇上的人们也仍然叫她祥林嫂,②但音调和先前很不相同;③也还和她谈话,④但笑容却冷冷的了。

①……,②但……;③也……,④但……。

```
    1           2         1-2 并列
  3    4     5    6      3-4 / 5-6 转折
```

(5) ①我们要不断完善和加强人民代表大会制度,②使任何少数人没有可能以任何方式强制大多数人,③而只能服从大多数人,④服从大多数人的利益,⑤服从大多数人的意志。

①……,②……,③而……,④……,⑤……。

```
    1              2              1-2 目的
         3              4         3-4 转折
                5         6       5-6 分合
                     7     8      7-8 并列
```

(6) ①世界上的动物虽然少说也有三十万种以上,②但是要是地球上突然减少了几种跟人类关系密切的动物,③哪怕是仅仅减少牛这一种,④对人类的生活就会产生巨大的影响,⑤所以保护动物就是保护人类自身。

①……,②但是……,③哪怕……,④……,⑤所以……。

```
_____1_____   __2__   1-2 因果
_3_   ___4___           3-4 转折
      ___5___   _6_     5-6 假设
          _7_ _8_       7-8 递进
```

(7) ①尽管今年遭到严重的自然灾害,②农业不可避免地会受到影响,③但是,由于加强了农田的科学管理,④因此今年农业仍然取得了较好的收成。

①尽管……,②……,③但是,由于……,④因此……。

```
___1___   ___2___           1-2 转折
_3_ _4_   _5_   _6_         3-4/5-6 因果
```

(8) ①我们不论认识什么事物,②都必须全面地去看,③不但要看到它的正面,④也要看到它的反面,⑤还要了解该事物与其他事物的联系,⑥否则就不能有比较完全和正确的认识。

①不论……,②都……,③不但……,④也……,⑤还……,⑥否则……。

```
_____1_____   __2__
_3_   ___4___
      _5_ ___6___
              _7_ _8_
              _9_ _10_
```

1-2 反意条件,3-4 条件,5-6 分合,7-8 / 9-10 递进

五、复句组织中要注意的问题

写文章,常常使用复句这种形式。组织好复句,这是写好一篇文章的一个最起码的条件。怎么组织好复句呢?下面谈三个问题。

(一) 分句之间要有逻辑联系,脉络要清楚

复句是各个分句按照一定的逻辑关系组织起来的,所以分句之间一定要有逻辑联系。否则,便不能组成复句,即使硬凑在一起,也是病句。例如:

(1) *他们家住的那两间瓦房,虽然很高,但是房间里非常凉快。

(2) *原来的海燕、天马两厂,从1961年到1965年这五年中,共拍摄了

七十多部影片,平均每年可拍十四五部,当时两个厂的人员没有这么多,设备没有这么好,但是在"文化大革命"期间,不但影片质量低劣,生产任务也年年完不成。

例(1)两个分句用"虽然……但是……"连接,但从各分句的意思看,彼此并无转折关系。按说,房子高,房间里就比较凉快;房子矮,房间里就会比较闷热。应该删去"虽然""但是",使两个分句并列,改成:

(3) 他们家住的那两间瓦房很高,房间里很凉快。

例(2)句子比较长,毛病也比较多,从复句组织上看,明显的有两个:第一,"但是"前后的分句,从内容上看,并无转折关系;第二,最后两个分句"不但影片质量低劣,生产任务也年年完不成"之间,并无递进关系。整个句子宜改成:

(4) 原来的海燕、天马两厂……平均每年可拍十四五部,但是在"文化大革命"期间,两个厂的人员比那时多,设备器材也比那时好,却年年完不成生产任务,即使拍出一些影片,质量也很低劣。

组织复句时如不注意分句的逻辑联系,不注意句子的脉络,会严重影响意思的表达。例如:

(5) ＊曹风歧身为副经理,经常在总经理面前说经理搞行贿,是为了能向上爬,这完全是一派胡言。

这个复句只包含四个分句,但分句之间的关系弄得很不清楚。第一,"是为了能向上爬"这一分句,是"曹风歧"对"经理"的诬陷之词呢,还是作者用以指出"曹风歧""说经理搞行贿"的目的呢?这不清楚。第二,"这完全是一派胡言"里的"这"是复指什么?作者的用意是想用来复指"说经理搞行贿",可是按现在的句子组织,"这"应复指前面两个分句的内容,这样句子的意思整个儿拧了。这个复句应重新组织,可改为:

(6) 曹风歧身为副经理,经常在总经理面前说经理搞行贿,这完全是一派胡言,其目的是为了自己能向上爬。

一个复句脉络是否清楚,分句之间是否有严密的逻辑联系,这跟说话人自己对所要谈的问题、所要说的意思是否想得很清楚有关。因此,自觉地注意分句之间的逻辑联系,注意使复句脉络清楚,从某种意义上说,也是在促使自己把问题想得清楚些、透彻些。当然,有时跟自己的语言表达能力有关。下面我们从语言表达的角度谈一些具体的注意事项。

1. 组织并列、连贯复句时,不要说一半丢一半,造成句子结构不完整;同时,要注意分句的前后次序。下面都是有毛病的句子:

(7) *她们一边说说笑笑,拉家常,谁家孩子娶媳妇儿啦,谁家姑娘过门儿啦,谁家孩子上大学啦,谁家婆媳不和啦,等等,什么都谈,不一会儿就到村了。

(8) *他既兼任数学课代表,又是班会学习委员。

(9) *小船靠岸了,玉生想今天风大,得把小船系稳当了,于是在船尾也加了根棕绳,一前一后两根绳子分别系在两棵榆树上,把船系好了,他才下了船,放心地走了。

例(7)复句结构不完整,"一边……一边……"是表示并列关系的关联词语,要成对地使用,不能只用一个。这句话只说了一半,必须加上另一半。整个句子宜改为:

(10) 她们一边赶路,一边说说笑笑,拉家常,谁家孩子娶媳妇儿啦,谁家姑娘过门儿啦,谁家孩子上大学啦,谁家婆媳不和啦,等等,什么都谈,不一会儿就到村了。

例(8)是用"既……又……"连接的并列复句,前后两个分句从内容上看,次序颠倒了。应改为:

(11) 他既是班会的学习委员,又兼任数学课代表。

例(9)玉生没下船怎么能把船上的绳子系在榆树上呢? 应改为:

(12) 小船靠岸了,玉生想今天风大,得把小船系稳当了,于是在船尾也加了根棕绳,他下了船,把一前一后两根绳子分别系在两棵榆树上,船系好了,他才放心地走了。

2. 组织因果复句,一定要使所举的原因足以推出所举结果。下面的因果复句,所举的原因都不足以得出所举结果:

(13) *因为他在这里住的时间太长,所以他不喜欢这个地方。

(14) *因为他搜集的材料不丰富,所以还没有发现典型事例,甚至还造成数字不准、名称不符。

(15) *帝国主义的侵略和清朝末年的革命形势,使鲁迅先生形成了爱国主义思想,所以他选择了科学救国的道路。

例(13)"住的时间太长"不能成为"他不喜欢这个地方"的充足理由。例(14)

"材料不丰富"跟"造成数字不准、名称不符"没有必然的联系。数字准不准，名称是否相符，跟材料是否丰富没什么关系。例(15)鲁迅先生的爱国主义思想只能决定他走救国的道路，不能具体决定他走哪条救国的道路。

3. 组织假设复句，也一定要注意从句所举的假设条件要足以推出主句所说的结论。下面的句子都没有注意这一点：

(16) *没有水，没有空气，人就要窒息。
(17) *作为体育学院的教师，不学点外语，将不能成为一名合格的体育教师，将不可能教好体育课。
(18) *群众的劳动积极性起来了，产量就会上去，也就能提高群众的觉悟。

例(16)前两个分句提出假设条件，后一分句得出结论。没有空气，人是要窒息的；可是人不会因为没有水而窒息。第一个分句的假设条件(没有水)与结论(人就要窒息)显然无关。主句宜改为"人就不能生存"。例(17)按高标准严要求，作为体育学院的体育教师，不学外语不能成为一名合格的体育教师，这样说也是可以的，但是，不学外语不足以成为教不好体育课的前提条件。最后一个分句宜改为"对教好体育课也会有一定的影响"。例(18)条件和结果倒置了，宜改为"群众的觉悟提高了，群众的劳动积极性也就会起来，产量也就会上去"。

4. 组织转折复句，必须使从句和主句内容有转折关系。下面的句子都不符合这条件：

(19) *我这篇文章是匆匆忙忙赶出来的，可是写得不好。
(20) *尽管现在加德满都还是冬季，早晚较凉，然而在中午和暖的阳光下，穿毛衣也不嫌热。

例(19)"文章是匆匆忙忙赶出来的"和"写得不好"意思是一致的，无转折关系。或者删去"可是"；或者将前一分句末尾的"的"改为"了"，这样句子着重要说文章虽然赶出来了，但是写得不好。例(20)"早晚较凉"和"在中午和暖的阳光下，穿毛衣也不嫌热"意思也是一致的，无转折关系，应把最后一句改为"穿毛衣也不觉冷"。

（二）防止偷换主语

在复句中，如果几个分句主语相同，主语可以只在一个分句中出现，这是正常的现象。例如：

(21) 咱们赶紧收拾,到夹皮沟你大山叔那儿去。
(22) 看着人家那样辛苦劳动,老通宝觉得身上更热了。

例(21)主语在前一个分句出现,后一个分句省略了。这叫"主语承前省略"。
例(22)主语在后一个分句中出现,前一个分句省略了。这叫"主语蒙后省略"。

如果几个分句的主语不同,一般地说,不宜随便省略,否则,会犯偷换主语的错误。例如:

(23) *小刘干活速度快,质量好,经她焊接的集装箱产品,从未出过废品,一再被评为先进生产者。
(24) *在旧中国,许多农村女孩子被资本家骗到上海纱厂里当包身工,她们没有自由,甚至不能跟亲人通信,而可以任意打骂,任意买卖。
(25) *为了打通婆婆的思想,秀英和婆婆讲了"生男生女一个样"的道理,还讲了一个由于孩子多而影响工作影响家庭经济生活的具体事例,最后终于想通了,第二天就去做了绝育手术。

例(23)第一个分句的主语是"小刘",第二个分句的主语则是"……集装箱产品",第三个分句的主语省略了,而所省略的主语并不跟第二个分句的主语相同,却跟第一个分句的主语"小刘"相同,这样隔句省略就会在表达上造成混乱。这种毛病就是偷换主语。最后一个分句宜改为"所以她一再被评为先进工作者"。例(24)一共包含了五个分句。前面三个分句有主语,而且主语相同(农村女孩子),下面分句的主语都省略了。可是从句子意思看,最后两个分句所省略的主语不再是"农村女孩子",而是"资本家"了,这就偷换了主语,影响了意思的表达。这两个分句还有别的毛病,宜改为"而资本家可以对她们任意打骂,把她们任意卖掉"。例(25)由于滥省主语,句子又组织得不好,叫人搞不清作者的意思。按现在这样的句子,似乎是婆婆去做了绝育手术,这当然不是作者的原意。最后两个分句宜改为"最后,终于把婆婆的思想打通了,第二天秀英就去做了绝育手术";也可以改为"最后婆婆的思想终于打通了,秀英第二天就去做了绝育手术"。

(三)要正确恰当地使用关联词语

关联词语在复句中起着重要作用,它可以使分句之间的逻辑联系清楚地显示出来,因此,在组织复句时一定要注意关联词语的运用。关联词语运用得正确恰当,能增强语言的表现力。在"绪论"中我们所举的鲁迅先生《祝福》里的那一段话,关联词就运用得绝妙、传神。下面再举两个例子:

(26) 这两座山虽然很高,却是不会再增高了,挖一点就会少一点,为什么挖不平呢?(毛泽东《愚公移山》)

(27) 眼看火车就要撞上战马和钢炮了,欧阳海叔叔马上跑过去,用全身力气使劲推开战马。车上的人们得救了,国家财产保住了,可是,欧阳海叔叔英勇地牺牲了。

例(26)这个复句的第一和第二两个分句用"虽然"和"却"连接,表示转折关系。例(27)这段话的最后一个复句也是表示转折关系,但这个复句里只用"可是",没有用"虽然"。既然都表示转折关系,为什么一个用"虽然",一个不用呢?对比例(26)和例(27),不难体会到,例(26)"虽然"不能少,例(27)决不能加"虽然"。我们知道,连词"虽然"(包括"尽管"),表示让步,它对所在的从句意思起冲淡、减弱的作用。例(26)用"虽然"正是表示了愚公对高山的蔑视和移山的信心,因此句中的"虽然"不能去掉。例(27)则不同,作者急切需要告诉读者的是"车上的人们得救了,国家财产保住了",同时,以崇敬沉痛的心情告诉读者,我们的英雄欧阳海正是为了人民、为了国家财产牺牲了自己的生命。如果用了"虽然",这将冲淡从句的意思,削弱使车上的人们得救、使国家财产免受损失的意义,这样一来,反将会有损英雄的高大形象。所以,例(27)决不能用"虽然"。

在运用关联词语时,要注意下面三个问题:

1. 该用关联词语时,一定要用;没有必要用时,不要用。该用时如果不用,就会使复句的脉络不清楚。例如:

(28) *由于选本(指《古文观止》——引者注)具有特色,自问世以来三百年中,广为流布,经久不衰,至今仍不失为一部有参考价值的书。

(29) *过去,厂里一些干部总认为,知识分子牢骚多,不服管,不信任他们。

例(28)"由于"管到哪里?是只管到第一个分句"选本具有特色",还是一直管到"经久不衰"?不容易一下子让人看清楚。从前后上下文看,应该只管到第一个分句,宜在"自问世以来……"这一句头上加连词"所以"。例(29)最后一个分句"不信任他们",是指干部不信任知识分子,还是知识分子不信任干部?也不清楚。从前后上下文看,是这些干部不信任知识分子。应在"不信任他们"头上加连词"所以",这样句子脉络才清楚。

在汉语里,特别是在口语里,复句常常不用关联词语,单凭分句本身的内容就可以把分句间的关系显示出来。例如：

(30) 天气太冷,马达怎么也发动不起来。　　　〔因果〕
(31) 话不多,讲得很透彻。　　　　　　　　　〔转折〕
(32) 小华不去,我决不去。　　　　　　　　　〔假设〕
(33) 他正思考问题,下课铃也没听见。　　　　〔因果〕

如果不管有没有必要,动不动就来个"因为""所以""虽然""但是",反倒会显得啰唆。例如：

(34) ＊因为他今天感冒了,所以不能来上班了,因此要我给他请个假。
(35) ＊虽然大半个学期过去了,但是食堂吃饭拥挤的问题仍然没有解决,因此学生意见很大,于是校长责令学校后勤部门召开专门会议,以便讨论解决这个问题。

上面两个例句里的关联词语最好都删去；删去后,句子反倒干净利落。

2. 要选择恰当的关联词语。什么样的逻辑联系由什么样的关联词语来表示,一般都是确定的,不能乱用。下面是错用的例子：

(36) ＊如果你不同意这样做,那你为什么要答应他呢？
(37) ＊1946年发大水,我家的住房和几亩地都被淹了,为了无法维持生活,我们一家离开了那里,到了北京附近。
(38) ＊提倡清廉,反对腐败,各级领导都必须带好这个头,这样才能收到实效,然而报纸上怎么宣传,也不会有多大成效。

例(36)第一分句的"如果"应改为"既然",因为两个分句之间不是假设关系,从句提出的不是假设条件,而是用以进行推论的既成事实,这是推论因果复句。例(37)"无法维持生活",和后面分句的关系不是目的关系,而是因果关系。应该将"为了"改为"因为",使之变为表示原因的从句；要保留"为了",得将"无法"删去。例(38)"然而"表示转折,但从意思看,前后没有转折关系,而是表示反意条件,所以"然而"应改为"否则"。

复句中的关联词语往往是搭配起来使用的,什么词语跟什么词语配合也比较固定,例如"不但……而且……""只有……才……""只要……就……"等。下面的句子关联词语搭配不当：

(39) ＊这篇文章无论在突出主题方面,而且在运用和选择材料方面都是做得比较好的。
(40) ＊只要刻苦钻研,狠下功夫,才能掌握好这种复杂的技术。

(41) ＊我爱井冈山,那不是因为它是我出生的地方,还因为那里的一山一
水,一草一木,都能引起我对那革命战争年代许多难忘生活的回忆。

例(39)"而且"不能和"无论"搭配,要么把"无论"改成"不仅",要么把"而且"改成"还是"。例(40)"只要"和"才"不能搭配,或者把"只要"改为"只有",或者把"才"改为"就"。例(41)要么说"不是……而是……",要么说"不仅……还……",从文章的内容看,用表示递进的"不仅……而且还……"为好。

3. 要注意关联词语的位置。

所谓关联词语的位置问题,是指复句中关联词语同主语的先后次序问题,也就是关联词语放在主语前还是放在主语后的问题。有的关联词语在前在后比较自由,对整个句子的意思影响不大。例如:

(42) 你只要能坚持学习,一定能学会的。〔前后分句主语相同〕
　　 只要你能坚持学习,一定能学会的。〔前后分句主语相同〕
(43) 他只要肯学习,我一定好好教他。　〔前后分句主语不同〕
　　 只要他肯学习,我一定好好教他。　〔前后分句主语不同〕

可是,有的关联词语,在前在后要受到整个句子意思的制约。例如:

(44) 你去挤公共汽车,不如步行。
(45) 你去挤公共汽车,不如我去挤公共汽车。

这两个复句都是选择复句,它们前一个分句都可加上"与其"。"与其"加在哪里呢? 例(44)应加在主语"你"之后,因为前后分句主语相同;例(45)应加在主语"你"之前,因为前后分句主语不同。因此,当复句中需要使用关联词语时,一定要注意它的位置。下面复句关联词语都放错了位置:

(46) ＊不但我们要使学生具有坚实的基础知识,还要注意培养学生分
析问题解决问题的能力。
(47) ＊这样的课堂练习,既使学生能全面复习已学的内容,也能学到
新的知识,学生都感到满意。
(48) ＊这个班的学习风气很好,学生们一方面爱动脑筋,经常讨论学
习中碰到的问题;另一方面老师们都注意培养他们良好的学习
习惯。

例(46)"不但"一定要放到"我们"后头,不然,后一个分句的意思要变成"我们"以外的人也要注意这方面的问题之类的意思了。例(47)由于"既"放错了位置,句子意思根本就说不通了。"既"应放在"使学生"之后。例(48)的

"一方面"应放到"学生们"的前面去。

练 习

一、同单句比较,复句有哪些特点?

二、指出下列各复句分别属于哪一小类。
1. 巴黎公社尽管失败了,可是它的历史功勋是不可磨灭的。
2. 即使我们的国家很富了,也要永远保持艰苦奋斗的光荣传统。
3. 要么你去开会我留下值班,要么我去开会你留下值班。
4. 从来没有什么救世主,也不靠神仙、皇帝。
5. 他都不行,何况你?
6. 因为父母死得早,他忘了生日是在哪一天。
7. 立秋了再吃这些冰凉的东西,要闹肚子的。
8. 院子里大概起风了,梨树的枝丫不停地摇晃着。
9. 只要有小虎子参加,晚会就热闹了。
10. 与其挤着乘车去,还不如走着去呢。

三、分析下列多重复句。
1. 提高是应该强调的,但是片面地孤立地强调提高,强调到不适当的程度,那是错误的。
2. 自己把自己关在房子里,最容易高谈彻底主义,然而也最容易"右倾"。
3. 掌柜是一副凶脸孔,主顾也没有好声气,教人活泼不得;只有孔乙己到店,才可以笑几声,所以至今还记得。
4. 我赞美白杨树,因为它不但象征了北方农民,尤其象征了今天我们民族解放斗争中所不可缺少的质朴、坚强、力求上进的精神,所以我总想用我的笔颂扬那高高的白杨树。

四、修改下列句子,并扼要说明理由。
1. 阳平村地处高山,不管今年入春以来滴雨未下,还是按期完成了春播计划。
2. 他不喜欢数学,因为他喜欢文学。
3. 这位老教师,曾送过二十届高中毕业生,教过近三十年的书。
4. 我国古代的这类神话反映了人和自然的斗争,但是也反映了古人朴素的自然观。

5. 这时驻守在桥东头的两个团的敌人,早已成了惊弓之鸟,他们抽去桥上的木板,还准备抽调两个旅的兵力堵截我红军过桥。
6. 他不是照顾老大娘,而是老大娘照顾他。
7. 他的文学著作不仅脍炙人口,广为流传,同时,书画也很擅长,造诣很深。
8. 张勇没有被这些困难吓倒,而且更加努力钻研了。

第八讲　句法里的歧义现象

一、什么叫句法里的歧义现象

在实际语言里,我们常常会碰到这样的现象,同一个句子可以表示两种或更多种的意思。这有两种情况:

一是由句子里的多义词造成的。例如:

(1) 我就管他。

例(1)就可以作两种理解:(a)相当于"我只管他,不管别人",(b)相当于"我偏要管他"。例(1)的歧义是由句子里的多义词"就"引起的,因为"就"既可以表示"只"的意思,用来限制范围,也可以表示"偏偏"的意思,用以加强坚决的语气。

二是由语法上的原因造成的,例如:

(2) 不适当地管教孩子,对孩子成长不利。

例(2)也可以作两种理解:

A. 是如果不对孩子进行管教,这对孩子成长不利。

B. 是如果对孩子管教得不适当,对孩子成长不利。

这个句子之所以能表示上述两种意思,不是像例(1)那样因为句子里有多义词,而是因为主语成分"不适当地管教孩子"可以作两种层次分析——既可以分析为:

(a)　不　适当地　管教孩子
　　<u>　1　</u>　　<u>　　2　　</u>　　1-2"状—中"偏正关系
　　　　　　<u>　3　</u>　<u>　　4　</u>　　3-4"状—中"偏正关系

又可分析为:

(b)　不　适当地　管教孩子
　　　　　<u>　1　</u>　<u>　　2　</u>　　1-2"状—中"偏正关系
　　<u>3</u>　<u>4</u>　　　　　　　　3-4"状—中"偏正关系

所谓句法里的歧义现象就是指由语法上的原因造成的歧义现象。

二、句法歧义的类型

根据造成歧义的不同原因,我们把句法里的歧义现象分为三类:

(一) 由构造层次的不同造成的歧义现象

我们在第二讲谈到复杂词组时就已经指出,句法结构在构造上有层次性。有的歧义句正是由于内部词的组合层次不同而造成的,如第一节所举的例(2)就有(a)、(b)两种不同的层次组合。再如:

(1) 对领导的批评意见,应该很好考虑。
(2) 我们两个人分一个西瓜。
(3) 这张照片放大了一点。

例(1)可以作如下(a)、(b)两种分析:

```
         对   领导的   批评意见,应该很好考虑。
(a) _____1_____   ____2____   1-2 "状—中"偏正关系
    __3__  ____4____                             3-4 介词结构
           _____5_____  ____6____               5-6 "定—中"偏正关系
(b) _____1_____   ____2____   1-2 主谓关系
          ___3___   ____4____                    3-4 "定—中"偏正关系
    _5_  _6_                                     5-6 介词结构
```

按(a)分析的组合层次,全句是个不完全主谓句(省略主语),意思是对于领导向我们提出的批评意见,要很好考虑,要持慎重态度。按(b)全句是个完全主谓句,全句意思是向领导提批评意见,要很好考虑,要持慎重态度。例(2)也可以作如下(a)、(b)两种分析:

```
         我们   两个人   分一个西瓜。
(a) __1__  _____2_____      1-2 主谓关系
           ___3___  _____4_____         3-4 主谓关系
(b) _____1_____  _____2_____      1-2 主谓关系
    __3__  __4__                         3-4 "定—中"同位关系
```

不论按(a)或按(b)，全句都是主谓句。但是，二者无论是在构造上还是在意思上都有区别：按(a)分析，意思是我们是每两个人分一个西瓜，全句是主谓谓语句；按(b)分析，意思是我们两个人共同分一个西瓜，全句是一个普通的主谓句。例(3)也可以作如下(a)、(b)两种分析：

```
         这张照片    放    大了    一点儿。
(a)  ──1──   ─────2─────      1-2 主谓关系
                 ──3── ──4──     3-4 述补关系
(b)  ──1──   ─────2─────      1-2 主谓关系
                 ──3──   ──4──   3-4 述宾关系
```

不论按(a)或按(b)，全句都是主谓句，但是二者谓语部分的构造不同：按(a)分析，谓语部分是个带程度补语的述补结构的省略形式(省略了"得"，原式应是"放得大了一点")，全句意思是那张照片放得过于大了，不太合心意；按(b)分析，谓语部分是个带数量宾语(准宾语)的述宾结构，全句意思是那照片只放大了一点点。

（二）由句法结构关系的不同造成的歧义现象

所谓句法结构关系就是通常所说的主谓、述宾、述补、定中、状中等结构关系。有时一个句子有歧义跟句子内部的构造层次无关，只是由于成分之间的句法关系不同而造成的。例如：

（4）我们需要进口钢材。

例(4)内部只有一种组合层次，即：

```
我们   需要   进口   钢材。
─1─  ──────2──────
     ─3─  ────4────
          ─5─  ─6─
```

但它有两种意思：(a)相当于"我们需要从国外进口某些钢材"；(b)相当于"我们需要进口的钢材"。这两种意思完全是由于"进口"和"钢材"可以构成不同性质的结构关系而造成的。按(a)意，"进口"与"钢材"之间是述宾关系；按(b)意，"进口"与"钢材"之间是"定一中"偏正关系。请看：

```
我们  需要  进口  钢材。
 1         2              1-2 主谓关系
        4       3          3-4 述宾关系
                5    6    5-6 述宾关系…………(a)
                5    6    5-6 "定—中"偏正关系……(b)
```

类似的例子再如：

(5) 钱汇去了。

例(5)内部只有一种组合层次，即：

```
钱  汇  去了。
1     2
  3    4
```

但它有两种意思：(a)意思相当于钱已经汇走了；(b)意思相当于去汇钱去了。按(a)意，"汇"与"去"之间是述补关系；按(b)意，"汇"与"去"之间是连动关系。请看：

```
钱  汇    去了。
1     2          1-2 主谓关系
      3    4     3-4 述补关系…………(a)
      3    4     3-4 连动关系…………(b)
```

(三) 由语义结构关系的不同造成的歧义现象

"我吃了。"从句法关系看，这是一个主谓句，"我"是主语，"吃了"是谓语；从"我"和"吃"之间的语义联系看，"我"是施事，"吃"是动作，"我"和"吃"之间是"施—动"关系。所谓语义结构关系就是指句子里实词和实词之间的语义联系。

有的句子有歧义就是由于句子内部某两个实词之间可以发生不同的语义联系而造成的，也就是说，由于句子内部不同的语义结构关系而造成的。试比较：

(6) 张三不吃了。

(7) 白菜不吃了。

(8) 鸡不吃了。

例(6)—(8)都是主谓句,从语义结构关系看,例(6)"张三"和"吃"之间是施事和动作的关系,例(7)"白菜"和"吃"之间是受事和动作的关系,例(8)"鸡"和"吃"之间既可以像例(6)那样,理解为施事和动作的关系,也可以像例(7)那样,理解为受事和动作的关系。例(6)和例(7)都没有歧义,例(8)就有歧义了,既可以理解为"鸡不吃食了",也可以理解为"不吃鸡了"。例(8)的歧义就是由于语义结构关系的不同而造成的。再如:

(9) 小王不请了。

例(9)也是主谓句,但"小王"和"请"之间也是既可以理解为施事和动作的关系,也可以理解为受事和动作的关系,因此有歧义。按前者,意思是小王不请某人了;按后者,意思是某人不请小王了。

三、怎样看待歧义现象

句子有歧义,不管是由词汇原因造成的还是由语法原因造成的,都是语言里客观存在的现象。通常人们所说的"双关"实际就是一种歧义现象,用得好,能收到独特的表达效果。请看唐代李商隐的著名诗篇《无题》:

(1) 相见时难别亦难,东风无力百花残。
春蚕到死丝方尽,蜡炬成灰泪始干。
晓镜但愁云鬓改,夜吟应觉月光寒。
蓬山此去无多路,青鸟殷勤为探看。

这是一首爱情诗,其中"春蚕到死丝方尽,蜡炬成灰泪始干"是脍炙人口的写情名句。其中的"丝""泪"都是双关语。这里的"丝"字既指春蚕所吐的丝,又指"思念""相思"的"思",一语双关;这里的"泪"既指烛泪,也指人的眼泪,也是一语双关。这种双关歧义现象的运用,不仅使诗增加了美感,更充分表达了诗人饱满、屈折、缠绵的情感,感人至深,不言而喻。

但是,一般说来,在写作中如果不是十分必要,就要尽可能避免使用歧义句式;使用不当,会产生消极效果,影响读者对句子意思的正确理解。20世纪70年代报纸上曾出现过这样一个句子:

(2) 巴勒斯坦游击队对以色列的进攻是早有准备的。

到底是巴勒斯坦游击队向以色列进攻,还是以色列向巴勒斯坦游击队进攻?光从这个句子无法判断,因为例(2)是一个在句法上有歧义的句子。可以有三种分析：

(a) 巴勒斯坦游击队　对　以色列的　进攻　是早有准备的。
　　　　1　　　　　　　　　　　　　　　　2
　　3　　　　　　　　　4
　　　　　　　　　　　5　　　6
　　　　　　　　　7　　8

1-2 主谓关系　　　　　　3-4 "定—中"偏正关系
5-6 "定—中"偏正关系　　7-8 介词结构

(b) 巴勒斯坦游击队　对　以色列的　进攻　是早有准备的。
　　　1　　　　　　　　　　2
　　　　　　　　　3　　　　　　4
　　　　　　　　5　　　6
　　　　　　　7　　8

1-2 主谓关系　　　　　　3-4 主谓关系
5-6 "定—中"偏正关系　　7-8 介词结构

(c) 巴勒斯坦游击队　对　以色列的　进攻　是早有准备的。
　　　1　　　　　　　　　　2
　　　　　　　　3　　　　　　4
　　　　　　5　　　6

1-2 主谓关系　　3-4 "状—中"偏正关系　　5-6 介词结构

按(a)和(b)的分析,是说巴勒斯坦游击队发动了对以色列的进攻,而且是早有准备的。按(c)的分析,是说以色列先向巴勒斯坦游击队发动进攻,而巴勒斯坦游击队对此是早有准备的。看了上下文,才知道作者要表示的是(c)的意思。这个句子宜改为：

(3) 对于以色列的进攻,巴勒斯坦游击队是早有准备的。

再如：

(4) 那两箱书,准备送北京大学图书馆。

"送北京大学图书馆"在语法上是有歧义的。从"送"和"北京大学图书馆"之间的语义联系看,"北京大学图书馆"既可以分析为"送"的与事宾语(将北京大学理解为图书的接受者),也可以分析为"送"的处所宾语(将北京大学理解为运输的终点)。如果是前者,例(4)宜改为：

(5) 那两箱书,准备送给北京大学图书馆。

如果是后者,句子宜改为:

(6) 那两箱书,准备送到北京大学图书馆。

像例(2)、例(4)那样的歧义句,在写作中应尽量设法避免。

一、什么叫句法里的歧义现象?

二、句法里的歧义现象是由哪些句法因素造成的?

三、分析下列歧义句,并分别指出造成各个句子歧义的因素。

1. 小刘已经留下了。

2. 这根竹竿长一公尺。

3. 他一贯反对哥哥袒护妹妹。

4. 我们需要进口零部件。

5. 这件衣服洗得干净。

第九讲 虚 词

虚词在数量上比实词少很多,使用频率却很高,在语言中起着"经络"的作用,占有极为重要的地位。任何语言都有虚词,虚词在任何语言中都很重要,而在汉语中尤其重要,那是因为汉语属于非形态语言,所以虚词在汉语中占有更为重要的地位。用不用虚词,用哪一个虚词,往往会对整个句子的结构和意义有着很大的影响。

一、虚词在现代汉语中的重要作用

虚词在现代汉语中的重要作用可以概括为以下五个方面:
第一,帮助表达实词之间的某种语法关系。例如:

(1) 大衣和扣子她买到了。
(2) 大衣的扣子她买到了。

例(1)用"和",表示"大衣"与"扣子"之间是联合关系;例(2)用"的",表示"大衣"与"扣子"之间是修饰关系。再如:

(3) 她满意得笑了。
(4) 她满意地笑了。

例(3)用"得",表示"满意"和"笑了"之间是动补关系;例(4)用"地",表示"满意"与"笑"之间是修饰关系。
第二,帮助表达实词之间的某种语义关系。例如:

(5) 张三把李四说了一通。
(6) 张三被李四说了一通。
(7) 张三对李四说了一通。

例(5)—(7)表面看,包含的词语基本相同,所差的只在使用的介词不一样。可是我们知道,正是由于使用的介词不同,改变了句子内部实词之间的语义关系。例(5)用"把","说"是"责备,数落"的意思,"张三"是"说"的施事,"李四"是"说"的受事;例(6)用"被","说"也是"责备,数落"的意思,但"张三"成了"说"的受事,"李四"成了"说"的施事;而例(7)用"对","说"是"陈述,诉说"的意思,"张三"是"说"的施事,而"李四"则成了"说"的与事了。

第三,帮助实词添加某种语法意义。例如:

(8) 我看见她织了一件毛衣。
(9) 我看见她织过一件毛衣。
(10) 我看见她织着一件毛衣。

同是动词"织",例(8)"织"后面带上"了",表示"织"这个行为动作实现或者说完成了;例(9)"织"后面带上"过",表示"他"曾经有"织毛衣"这种经历;例(10)"织"后面带上"着",表示"织"这一行为动作的持续。显然,"了""过""着"帮助动词添加的语法意义各不相同。

第四,帮助改变词语的表述功能。请比较"吃"和"吃的":

"吃",动词,从意义上说,表示行为动作;从表述功能看,表示陈述。

"吃的",名词性成分,从意义上看,表示事物,可以指"吃的东西",如"我先去买点儿吃的",也可以指"吃"的动作者,如"谁吃羊肉?吃的举手";从表述功能看,表示指称。

为什么会有这么大的差异呢?这是那个虚词"的"在起作用。

第五,帮助表达某种语气。例如:

(11) 他有儿子了。
(12) 他有儿子啦!
(13) 他有儿子吗?

例(11)句末用"了",句子表示陈述语气;例(12)句末用"啦",句子表示感叹语气;例(13)句末用"吗",句子表示疑问语气。再如:

(14) 今天准保会下雨。
(15) 今天也许会下雨。
(16) 今天难道会下雨?

例(14)—(16)都是谈论"今天会下雨"的事,但有区别:例(14)用副词"准保",句子表示一种强烈的肯定语气;例(15)用副词"也许",句子则表示一种不确定的或然语气;例(16)用副词"难道",句子就表示一种疑问语气。

由于虚词在汉语中有着非常重要的作用,所以,汉语语法研究历来以虚词为主要内容。

虚词的"个性"很强,就是同属一类的词,即使意义用法接近,也仍有不同。如连词"还是"和"或者"都表示选择关系,但它们在句子中一般不能互换。例如"去好呢,还是不去好呢?"这句话里的"还是"不能用"或者"来替换;反之,"我们或者去上海,或者去杭州。"这句话里的"或者"不能用"还是"来替换。(详见本讲第六节)又如副词"挺""怪"都能表示程度高,可以说"这孩子挺可爱的",也可以说"这孩子怪可爱的";但是,"那毒枭挺残酷的",就不能说成"那毒枭怪残酷的"。这是因为"怪"带有亲昵、满意、爱抚、调皮的感情色彩,"挺"没有这种感情色彩。

下面,我们选择一些常用而又容易用错的虚词,分别就它们的用法作些介绍。

二、把

"把"是介词,在现代汉语中用得很多。例如:

(1) 小宝帮着把灯芯草剪成细末子,又把采来的野花揉碎。(茅盾《春蚕》)

(2) 狼狈的敌人从会战的地点——牛栏岗败退下来,结成方阵,颤栗逃命。在白茫茫一片的豪雨景色中,漫山遍野的中国人民举着武器追歼着他们,用挠钩把他们从队伍中拖出来劈死,或者用锄头把陷在泥淖里的敌兵锄死。(秦牧《古战场春晓》)

(3) 战士们已经把打捞出来的战利品,全装在他们的小船上,准备转移。(孙犁《荷花淀》)

(4) 把剩下的六根火柴一根根递到指导员手里。(王愿坚《七根火柴》)

这些句子都带有"把"字,其基本格式是:

甲把乙怎么样

一般称这类句子为"把"字句。

从意义上说,"把"字句主要表示对人或事物的处置,"把"字后头的宾语一般就是被处置的对象。如例(1)"剪成细末子"是对"灯芯草"的处置,"揉碎"是对"采来的野花"的处置。例(2)"从队伍中拖出来劈死"和用锄头"锄死",都是对"敌兵"的处置。例(3)、例(4)的情形也一样。所谓"处置",不能只理解为对人或事物的处理,甲对乙主动施加某种直接的影响,

或甲的行为动作使乙发生某种变化或处于某种状态,都可看作是一种处置。例如:

(5) 靠门外站的那个妇女,这会儿,她把门里那个往里挤了挤,也靠近门里来了。(康濯《我的两家房东》)
(6) 吴天宝人小,器量可大,看出姚大婶气色不善,也不介意,还是说呀笑的,到底把姚大婶引乐了。(杨朔《三千里江山》)
(7) 他一不小心,把腿摔坏了。

例(5)"往里挤"正是靠门外站的那个妇女对门里的那个妇女主动施加影响,致使门里的那个妇女发生一定的位移。例(6)是说由于吴天宝不停地说呀笑的,使姚大婶由气变乐了。例(7)是说由于他不小心摔了,使他的腿坏了。

不了解"把"字句的这一语义特点,就可能将"把"字句用得很不恰当,或者该用"把"字句的地方倒没有用。例如:

(8) ＊当年在马洪匪帮的蹂躏、掠夺下,西山乡农村呈现一片荒凉的景象:把村舍烧了大半,空气里充满了难闻的焦味儿;把成材的、未成材的树木几乎都砍光了;把耕牛抢走了,或者宰来吃了;把土地都荒芜了;在每个村子看不到中青年男子或妇女,见到的只是骨瘦如柴的老人和孩子。
(9) ＊周总理的关怀给了方凌轩以极大的鼓舞,他决定把有生之年全部贡献给中西医结合的事业。但是"四人帮"在卫生部的那个亲信对他进行百般刁难和打击:支持方凌轩的院党委书记李光被撤职下放了,方凌轩的助手,青年西医郑松年被调离了冠心病组,并强迫方凌轩把医案的写作纳入"批判大儒"的轨道。

例(8)冒号以后的部分,是要具体描绘在马洪匪帮蹂躏、掠夺下西山乡农村的荒凉景象的,按说应顺着上文的意思,用"被"字句或受事主语句,不宜用"把"字句,可是作者却用了好几个"把"字句,从马洪匪帮如何蹂躏、掠夺的角度来写,使前后文气很不连贯、很不协调。例(8)宜改为:

(10) 当年在马洪匪帮的蹂躏、掠夺下,西山乡农村呈现一片荒凉的景象:村舍被烧了大半,空气里充满了难闻的焦味儿;成材的、未成材的树木几乎都给砍光了;耕牛不是被抢走了,就是被宰来吃了;土地都荒芜了;在每个村子看不到或者很少看到中青年男子或妇女,见到的只是骨瘦如柴的老人和孩子。

例(9)的毛病是该用"把"字句而没有用。冒号前的那一句说"四人帮"对方凌轩进行百般刁难和打击,下文就该顺着上文的意思,用"把"字句具体写出他们如何刁难、打击方凌轩,而不应该忽然转用"被"字句,从方凌轩如何受刁难、打击的角度来写。"但是"以下的文字宜修改,全句改为:

(11) 周总理的关怀给了方凌轩以极大的鼓舞,他决定把有生之年全部贡献给中西医结合的事业。但是"四人帮"在卫生部的那个亲信对他进行百般刁难和打击:把支持方凌轩的院党委书记李光撤职下放了,把方凌轩的助手,青年西医郑松年调离冠心病组,并强迫方凌轩把医案写作纳入"批判大儒"的轨道。

从结构上看,"把"字句有以下几点值得注意:

第一,"把"字句里的动词性词语(即"怎么样"部分)不能是一个简单的动词,动词前后总要有一些别的成分,也就是说,"把"字句的动词性词语必须是动词性词组,或者是动词的复杂形式(带"了""着",或重叠)。例如:

(12) 别把衣服随便扔。　　　　　　[偏正词组]
(13) 一定把工作做好。　　　　　　[述补词组]
(14) 把书给他。　　　　　　　　　[述宾词组]
(15) 把车送去修理。　　　　　　　[连动词组]
(16) 把信发了。　　　　　　　　　[动词＋"了"]
(17) 把这些东西留着,以后有用。　[动词＋"着"]
(18) 把房间收拾收拾。　　　　　　[动词重叠式]

下面这两个句子都有毛病:

(19) *个别人对这种做法的重要性认识不足,值班时不主动;有的接待完了就算了,没有一抓到底,把问题解决。
(20) *在论战中,他老是先把对方的意思歪曲,然后进行批驳。他以为这样能取胜,谁知弄巧成拙。

例(19)"解决"前后应有别的成分,或在前面加"彻底",或在后面加"好"。例(20)应在"歪曲"前加"加以",或者在"歪曲"后加"了"。

第二,"把"字句的动词必须是表示动作的及物动词,而且在意念上能够支配"把"字的宾语。例如"把衣服洗了","洗"是及物动词,而且能支配"衣服"。所以,不及物动词不能用在"把"字句中,不表示动作的及物动词也不能用在"把"字句中,例如表示存在的动词"有、存在",判断动词"是",趋向动词"上、下、进、出"等,以及某些表示心理活动的动词如"感觉、同意、相信、知道、以为"等都不能用在"把"字句中。下面的句子都不妥当:

(21) *终于把这样一个重病人清醒过来了。
(22) *小张虽然把这些责怪他的话听见了,但他并不埋怨别人,而是检查自己。
(23) *眼看离考试没几天了,恨不得不吃饭,不睡觉,把二十四小时都扑在学习上。
(24) *我们多么需要有更多的老师像他这样,把"差班"的纪律整好,把"慢班"的学习提高,把这些班的同学培养成有用的人才啊!

例(21)"清醒"是不及物动词,不能用在"把"字句中,最好将"把"改为"使"。例(22)"听见"是不表示动作的及物动词,也不能用于"把"字句。例(23)"二十四小时"不是动词"扑"的受事,应删去"把"字。例(24)"提高"虽为及物动词,但"学习"不是它的支配对象。宜把"提高"改为"搞好";或者将"学习"改为"学习成绩"。

第三,句中如果需要出现助动词或否定词,要放在"把"字的前面,不能放在"把"字的后面。例如:"应该把这个坏习惯改一改。""你为什么不把这事儿告诉我呢?"这两个句子不能说成"把这个坏习惯应该改一改。""你为什么把这事儿不告诉我呢?"下面的句子都有问题:

(25) *因为词类是客观存在的,所以把词可以分成各种类型。
(26) *我不知道把钱应该还给谁。
(27) *他半笑半恼地批评我:"你真行,把人家的名字都不记住!"
(28) *他有点后悔:那天为什么把他不挡一挡?

例(25)"可以"要放在"把"字的前面。另外,句中的"类型"宜改为"类别"。例(26)"应该"要放在"把钱"的前面。例(27)"都不"要放在"把"字前面;不过最好还是将"不记住"改为"忘了"。例(28)"不"要放在"把他"的前面。

第四,"把"的宾语,在意念上必须是有定的。当我们说"我知道他把书卖了"的时候,说话人和听话人一定都知道那"书"指的哪本(些)书,否则就不能用"把"字句,就得改说为"我知道他卖书了"。

汉语里,"把"字句主要用来表示处置。但有时也用来表示致使,或者表示动作所涉及的范围。例如:

(29) 把嗓子都喊哑了。
(30) 把他愁死了。
(31) 那一大盆衣服把我洗得累死了。
(32) 把个老李病了。
(33) 他们把里里外外都搜了个遍。
(34) 把个北京城都跑遍了。

例(29)—(32)表示致使,例(33)和例(34)表示行为动作所涉及的范围。

三、被

"被"也是介词。下面是由介词"被"构成的"被"字句:

(1) 我那三只鸡都被黄鼠狼偷吃了。
(2) 我被一阵急促的敲门声惊醒了。

"被"字句的基本格式是:

乙被甲怎么样

"被"字句和"把"字句是相对立的。上面这两句话的意思也可以用"把"字句来表示:

(3) 黄鼠狼把我那三只鸡都偷吃了。
(4) 一阵急促的敲门声把我惊醒了。

两相比较,区别是明显的。"把"字句的主语是施事(发出动作的),"把"字的宾语是受事(接受动作的);"被"字句正好相反,主语是受事,"被"字的宾语是施事。从表达的角度看,"把"字句强调主动性,说明主语把这个受事怎么处置;"被"字句强调被动性,说明主语受到什么遭遇。所以在强调主动者的主动精神时用"把"字句,在强调遭遇时用"被"字句。例如:

(5) 玛丽是个勤快的孩子,每天都是她最早起来。等我们起床,她已经把早饭准备好了,还把屋子整理得干干净净。
(6) 洪水是退了,但眼前是一片凄惨的景象:村舍的房屋被洪水冲倒了一大半,猪、鸡、羊都被淹死了,空气里充满了难闻的臭味儿;成堆的木材也几乎都被洪水冲光了,……。

例(5)前一句说"玛丽是个勤快的孩子",后面连用两个"把"字句,来具体说明玛丽的勤快,这很恰当。如果将这里的"把"字句换成"被"字句,说成:

(7) *玛丽是个勤快的孩子,每天都是她最早起来。等我们起床,早饭已经被她准备好了,屋子也已经被他整理得干干净净。

这就很不合适了。例(6)上文说洪水过后"眼前是一片凄惨的景象",下文拿遭受洪水之害的事物作话题,一连用三个"被"字句,来具体描述那凄惨的景象,就很合适。如果用"把"字句,说成:

(8) *洪水是退了,但眼前是一片凄惨的景象:洪水把村舍的房屋冲倒了一大半,把猪、鸡、羊都淹死了,空气里充满了难闻的臭味儿;洪水也把成堆的木材几乎都冲光了,……。

反倒使前后文气很不协调,很不连贯了。

"被"字句表示被动,但表示被动意义的句子不一定用"被"字,这是汉语语法的特点之一。例如:

(9) 电影票买着了。
(10) 文章写好了。
(11) 衣服洗得干干净净。

这些句子都含有被动意义,但都不宜用"被"字;用了反倒别扭了。这是因为在汉语里"被"字句多用来说明不如意的事情。比较下面两组句子:

A	B
衣服被他撕破了	*衣服被姐姐做好了。
饭被我煮糊了。	*饭被我煮好了。
自行车被小偷偷走了。	*自行车被我领回来了。
麦子被雨淋了。	*麦子被太阳晒干了。

A、B两组都表示被动意思,A组能用"被"字,因为所表示的是不如意的事情;B组不能用"被"字,因为表示的是所希望的事情。有的句子似乎可以用"被"字,也可以不用"被"字,但是用不用"被"字,句子的感情色彩不一样。试比较:

(a) 麦子被他们运走了。

(b) 麦子他们运走了。

(a)句用"被",含有说话人不乐意的感情色彩;(b)句没有用"被",只是客观地报道一个事实。下面句子里的"被"字都应该删去:

(12) *朋友们送我的那幅描绘祖国大好河山的风景画,被我一直挂在书房的墙壁上。
(13) *在这些被安装好的机器中,我们选了一台。

现在,"被"字句也开始用在对主语成分来说是如意的事情上,例如:"姚二婶被大家选为人民代表。"但这种用法还不普遍。

从结构上来说,"被"字句里的动词也必须是一个及物动词,而且它的前后一般也总要有一些别的成分(除非那动词是双音节动词);助动词、否定词一般也要放在"被"字前面,不能放在后面。例如:

(14) 弟弟被妈妈批评了一顿。　　[述宾词组]
(15) 杯子被他丢了一个。　　　　[述宾词组]
(16) 可能被他认出来了。　　　　[述补词组]
(17) 这个办法没有被他采纳。　　[双音节动词]

以上各例动词都是及物动词。除例(17)外,其余各句的动词性成分都是复杂的,例(17)的动词是个双音节动词。例(16)的助动词"可能",例(17)的否定词"没有"都在"被"字之前。

下面这些句子都有毛病:

(18) *这种管理松散的夜总会,还容易被一小撮坏人乘机搞犯法的活动。
(19) *胜利在望的时候,他不幸被敌人的子弹牺牲了。
(20) *想要被大风不卷走,一定得加粗缆绳。

例(18)"乘机搞犯法活动"不能支配主语成分,即主语成分不是"乘机……"的受事,应在"被一小撮坏人"后面补上动词"利用"。例(19)"牺牲"虽是及物动词,但主语"他"不是受事,而是施事,应改为:"他不幸被敌人的子弹打中,牺牲了。"例(20)否定词"不"应放在"被"字之前。

"被"字的宾语(即施事)有时不必说出。例如:

(21) 他被驳得体无完肤。
(22) 不一会儿,火势被控制住了。

四、对　对于

"对"和"对于"是介词。它们的作用是引进关联的对象。例如：

(1) 对这班同学,我一点也不了解。
(2) 对于这个问题,我们还要深入研究。

例(1)的"这班同学"、例(2)的"这个问题"都分别是"了解""研究"的对象。

"对"和"对于"在很多场合可以通用,如例(1)的"对"可以换成"对于",例(2)的"对于"也可以换成"对",意思不变。但是,它们的用法还是并不完全相同的。一般说,能用"对于"的地方,也能用"对",但能用"对"的地方不一定都能用"对于",例如：

(3) 有什么想法,对大家说吧!
(4) 他对我笑了笑,没有说话。
(5) 我们都对这个电影感兴趣。
(6) 你应该对这个问题发表意见。

这四个句子中的"对"都不能换成"对于"。例(3)、(4)中的"对"是表示"向"的意思,"对于"没有这个意思。例(5)、(6)的"对"表示"对待"的意思,"对于"虽然也有这个意思,但它不能用在副词或助动词之后,"对"没有这个限制,这两句的"对"都分别在副词"都"和助动词"应该"之后,所以不能换成"对于"。

"对"和"对于"形成的介词结构经常作状语。作状语时,可以在主语后,也可以在主语前。例如：

(7) 我对(于)鲁迅的杂文研究得不够
(8) 对(于)鲁迅的杂文我研究得不够

所谓可以在主语前,实际上就是说它可以修饰一个主谓词组。

由"对"和"对于"形成的介词结构还能作定语,不过一定得带上"的"。例如：

(9) 他是出于对祖国的热爱。
(10) 对于宪法草案的意见,我就是这些。

例(9)"对祖国的热爱"和例(10)"对于宪法草案的意见",都是介词结构作定语的偏正词组,分析如下：

```
对   祖国的   热爱         对于   宪法草案的   意见
     ___1___  __2__              ____1____   __2__
___3___ __4__                _____3_____ __4__
         1-2 "定中"偏正    3-4 介词结构
```

有时,类似这样的格式有歧义。例如,"对他的意见"既可以看作是介词结构,分析为:

```
(11) 对   他的   意见
     _1_  __2__          1-2 介词结构
          __3__ __4__    3-4 "定中"偏正
```

也可以看作是由介词结构作定语的偏正词组,分析为:

```
(12) 对   他(的)  意见
     _____1_____  _2_    1-2 "定中"偏正
     _3_  __4__           3-4 介词结构
```

按前者,意见是他提的;按后者,意见是冲着他的。这一点一定要引起足够的注意。

"对"和"对于"是写作中经常使用的两个介词。在使用中常见的毛病有两个:

第一,谁对谁的关系弄错了。例如:

(13) *这段历史对我们很感兴趣。

(14) *墨西哥是我们的友好国家,墨西哥电影对我国观众并不陌生。

例(13)"我们"才是动作的主体,应改为"我们对这段历史很感兴趣",也可以说成"这段历史对我们来说很感兴趣"。同样,例(14)的后一分句应改为"我国观众对墨西哥电影并不陌生",或者说成"墨西哥电影对我国观众来说并不陌生"。这里需要分清"甲对乙怎么样"和"甲对乙来说怎么样"这两种格式。这两种格式表示的意思正好相反。试比较:

A	B
他对吃馒头不习惯。	*他对吃馒头来说不习惯。
*吃馒头对他不习惯。	吃馒头对他来说不习惯。

第二，漏用或滥用。

用"对""对于"，目的是要突出动作的关联对象，指明对这个对象已经或将要采取什么行动或态度。试比较下面三句：

(15) 我们一定要反对这种不良风气。
(16) 这种不良风气我们一定要反对。
(17) 对这种不良风气我们一定要反对。

这三句话的基本意思相同，但还有区别：例(15)是一般地叙述；例(16)突出了动作的关联对象；例(17)不仅突出了动作的关联对象，还表明了说话人要采取什么态度、措施。因此，当我们要表示对某人某事采取什么态度时，特别是要表示对多种人多种事采取什么态度行动时，便往往用"对""对于"来列举，这样比较醒目。例如：

(18) 为确保社会治安，对于那些丧尽天良的贩毒者，对于那些拐骗妇女儿童的人贩子，对于那些私刻印章、伪造票证者，对于那些偷盗教唆犯，我们决不能留情，必须缉拿严办，绳之以法。

(19) 我们应该如实反映情况。对成绩不夸大，对问题不缩小，对矛盾不掩盖，好的、差的全面看，做到实事求是。

上面两个例子的"对于""对"都用得很恰当。

在写作中，常常出现该用时不用，不该用时乱用的毛病。前者叫漏用，后者叫滥用或错用。

先看漏用的例子：

(20) *江北地区的新石器时代文化，在会上展开了热烈的讨论。
(21) *在教学中，他很注意因材施教，不同程度的同学采取不同的方法。

例(20)展开热烈讨论的是参加会议的考古工作者，而不是"江北地区的新石器时代文化"，应在句首加介词"对"或"对于"。例(21)采取不同方法的是"他"，应在"不同程度的同学"前加"对"或"对于"。

滥用或错用的情况更为普遍。例如：

(22) *如果不用或用错了标点符号，对句子的意思就会产生歧义。
(23) *对于凡是在科学研究上做出成果的科学家、技术人员都应该受到国家和人民的尊重。
(24) *事故发生后，工厂领导决定对安全问题进行一次教育。

例(22)"对"后面的宾语"句子的意思"并不是"产生"的关联对象,这里的"对"应该删去。例(23)的"对于"也用得不恰当。运用介词"对(于)",往往意味着要对某人某事采取什么态度或措施,因此句子总是采用主动句式。例(23)却是个被动句式("受到……")。这样前面就不能用"对于"。或将"对于"删去,或保留"对于",后面改为"国家和人民应该尊重他们"。例(24)"安全问题"不能成为教育的对象,这里可能误将"对"作"针对"讲。将"对"改为"就"或"针对",都可以。

五、除

"除"也可以说成"除了""除去"或"除开"。由"除"形成的介词结构表示排除,介词"除"引出排除的对象,后面常有"外""以外""之外"等与它相配。这有两种情况:

第一,排除个别的或特殊的,强调大多数的一致性。受"除……"修饰的中心语部分常用"都""全"与它呼应。例如:

(1) 除李光祖外,其余同学都学英语。
(2) 他除了下雪天,每天都坚持长跑。
(3) 除了老李以外,谁都没摆弄过这玩意儿。
(4) 这件事,除去你别人都不知道。
(5) 晚上的时间,他除了看电视新闻,全用来学外语了。

第二,排除已知的,追加其他的。受"除……"修饰的中心语部分常有"也""又""还"与它呼应。例如:

(6) 除了教初三语文课之外,他还教初一(2)班的语文课。
(7) 这种"全家乐"轻便车,除开成年人骑外,老年人、小孩也能骑。
(8) 李大爷在集上除了抱了个小猪崽外,又买了四对小鸭儿。

在使用"除"时,要防止出现中途易辙的毛病。例如:

(9) *师生们除了能够在科学小组、教研室、系和全校的讨论会上充分发表自己的观点外,《学报》也注意发表不同观点的学术论文。
(10) *有的教师除给学生增加早、晚学习时间外,学生课外活动的时间也给占用了,致使学生负担过重。

(11) *启东县虹桥乡除开种植棉花外,有的村还种植薄荷。

当"除……外"这个格式中是动词性成分时,要求后面出现的动词性成分跟"除……外"中的动词性成分,在意念上必须同属于一个施动者。例(9)—(11)都不符合这个要求,都中途更换了施动者。例(9)后半句宜改为"还能在《学报》上发表不同观点的学术论文"。例(10)后半句宜改为"还占用学生课外活动的时间,致使学生负担过重"。例(11)不宜用"除……外"这种说法,宜改为:

(12) 启东县虹桥乡各村都种植棉花,有的村还种植薄荷。

六、和　及　或(或者)　还是

在比较"和""及""或(或者)""还是"之前,先说说连词"和"跟介词"和"的区分。

现代汉语中的"和",既是连词,又是介词。试比较:

(1) 师傅和徒弟都爱下棋。
(2) 你和他好好说说。

例(1)的"和"是连词,例(2)的"和"是介词。由于两个句子里的"和"的词性不同,句子结构也不同:

```
师傅  和  徒弟  都爱下棋。      你  和  他  好好说说。
      1         2              1          2
  3       4                        3       4
                                     5  6

1-2 主谓关系                   1-2 主谓关系
3-4 并列关系                   3-4 "状—中"偏正关系
                               5-6 介词结构
```

要辨别句子里的"和"是连词还是介词,大致可以从以下三方面去考察:

第一,连词"和"前后的成分可以颠倒,如例(1)也可以说成"徒弟和师傅都爱下棋",颠倒后意思基本不变。介词"和"前后的成分不能随意颠倒,颠倒后意思跟原来不一样。例(2)"你和他好好说说"如果说成"他和你好好说说",意思就不一样了,表示的是两回事。

第二,连词"和"前不能插入任何修饰语,例(1)不能说成"师傅先/今天/马上和徒弟都爱下棋";介词"和"前边可以插入各种修饰语,例(2)可以说成"你先/今天/马上和他好好说说"。

第三,连词"和"有时可以用顿号(、)替换,如例(1)可以说成"徒弟、师傅都爱下棋";介词"和"不能用顿号替换,例(2)不能说成"你、他好好说说"。

汉语中还有"跟、同、与",它们跟"和"意思、用法一样,也是既可用作连词,又可用作介词。例(1)、例(2)中的"和"都可换成"跟""同"或"与"。现在,在口语中,无论作连词用还是作介词用,多用"跟",也用"和";在书面上,多拿"和"作连词用,拿"同"作介词用。"与"带文言色彩,书面上也用得较少。

"和、跟、同、与"可以连接名词性成分,也可以连接动词或形容词性成分。可是用"和"等连接的动词或形容词性成分往往不作谓语。例如:

(3) *他聪明和能干。

(4) *他们做了大量的调查工作和分析了各种情况。

(5) *他英语学得不好,至今他不能看书和不能会话。

例(3)习惯的说法是"他又聪明又能干",或者干脆说成"他聪明、能干"。例(4)"和"宜换成"并"。例(5)"和"宜换为"也"。

下面比较连词"和""及""或(或者)""还是"的用法。

"和"表示并列几项都包括在内,项与项之间是加合关系;"或"表示在并列的几项中选择一项,项与项之间是选择关系。试比较:

(6) 他可以吃一个苹果和一只香蕉。

(7) 他可以吃一个苹果或一只香蕉。

按例(6)他可以吃到两样东西(一个苹果和一只香蕉),按例(7)他只能吃到一样东西(在苹果和香蕉中任选一样)。有时,句子用"和"用"或"意思似乎差不多。例如:

(8) 年老体弱的同志和女同志可以乘车。

(9) 年老体弱的同志或女同志可以乘车。

但说话的着眼点不同:例(8)用"和",着眼于总的方面,强调可以乘车的是年老体弱的同志和女同志这样两种人;例(9)用"或",着眼于个别的方面,强调可以乘车的是那两种人中的任何一种人。下面的句子有毛病,该用"或"的地方用了"和",而该用"和"的地方却用了"或":

(10) ＊这里有个挺不小的庄子,名叫郭家庄,庄里大约有九百户和一千户人家。

(11) ＊进入本游泳池一律凭本校师生员工的工作证和学生证。

(12) ＊各地区的人对食品味道的要求也是各不相同的,在我国,……最爱吃辣的则要算四川或湖南这两个省的人了。

例(10)是说郭家庄可能有九百户人家,也可能有一千户人家。对同一事物所作的不同估计之间总是一种选择关系。应将"和"改为"或"。例(11)学生凭学生证,教职员工凭工作证,不是同时要两种证件,应将"和"改为"或"。例(12)既然已说明最爱吃辣的要算这两个省的人了,那么"四川""湖南"之间当然只能是加合关系,不可能是选择关系。应将"或"改为"和"。

"及"跟"和"一样,也表示并列几项都包括在内,项与项之间是加合关系,但在用法上有些不同。"及"一般不大用于连接两项,"和"却没有这个限制。例如可以说"北京、上海和天津",也可以说"北京、上海及天津";可是"北京和上海"就不大说成"北京及上海"。"及"有时也连接两项,那它的后面一定得用"其"或"其他",例如"鲁迅及其作品""小王及其他同学"。在前一种说法里,只能用"及",不能用"和",不说"鲁迅和其作品";在后一种说法里也可以用"和",可以说"小王和其他同学"。要注意,"鲁迅及其作品"中的"及其",它不是一个词。这里"其"是一个代词,作"作品"的定语,"鲁迅及其作品"等于说"鲁迅及他的作品"。用"及其"的说法,在于表明前后两项有从属关系,即后者是从属于前者的,如前例"作品"是从属于鲁迅的。常有人错把"及其"当"及"用。例如:

(13) ＊参加这次大会的有各厂矿、部队、学校及其商业部门的代表。

(14) ＊教孩子识字,一定要给孩子讲清楚字音、字形及其字义。

例(13)"商业部门"显然不是从属于厂矿、部队、学校的,应删去"其"。例(14)"字义"跟"字音、字形"也无从属关系,宜换用"和",或删去"其"。

"还是"和"或(或者)"一样,表示选择关系,例如"你或他""你还是他"都表示在"你"和"他"这两项中选择一项。但是,"还是"带疑问语气,一般用于疑问句,"或"则不能用于疑问句,只能用于陈述句。例如:

(15) 今天晚上我们或者看电影,或者看戏。

(16) 今天晚上我们看电影还是看戏?

这两句的"或者""还是"不能互换。有些句子,就全句看是个陈述句,但句子

里所包含的表示选择关系的联合词组却是含有疑问语气的,这时也得用"还是",不能用"或者"。例如:

(17) 他去还是你去,还没有最后定下来。
(18) 我记不清那天是阴天还是晴天。

不过这类陈述句一定是个否定句式,下面句子里的"或者""还是"都用错了:

(19) ＊他很少和别人来往,虽然在这里已经住了三年,还不知道他的邻居是工人或者教员,是南方人或者北方人。
(20) ＊我记得她是1986年还是1987年入学的。

例(19)"或者"应改为"还是"。例(20)是个肯定的陈述句式,不能用"还是",宜改为"或者",也可以改为"也可能是"。

另外,"或者"有时可用来表示前后两项所指相同,只是说法不同,这时"或者"相当于"即"。例如:"名词性词语,或者名词性成分都不能作补语。"

最后,需要附带指出的是,"和""及""或"只能连接词、词组,"或者""还是"既能连接词、词组,又能连接分句。例如:

(21) 书和笔都买来了。　　　　　　[连接词]
(22) 小张、小王及小李都是四川人。　[连接词]
(23) 北京或(或者)天津都可以。　　[连接词]
(24) 或者去北京,或者去天津。　　　[连接分句]
(25) 你说看还是不看?　　　　　　　[连接词和词组]
(26) 你去,还是他去?　　　　　　　[连接分句]

七、为了　因为　由于　由

"为了"跟"因为""由于"不同。"为了"表示目的。例如:

(1) 为了方便顾客,向华副食品商店开设了早晚门市部。
(2) 为了做到合理分配住房,房产科的同志深入了解职工的住房情况,广泛听取群众的意见,提出了一个大家比较满意的分配方案。

"因为""由于"则表示因果关系,后面常有"所以、因而、因此"跟它们相配。例如:

(3) 因为事情太多,所以没能及时来看你。

(4) 由于问题很复杂,各人的观点又不同,因而意见不完全一致。
(5) 由于治疗及时,因此他的病很快就好了。

常常看到该用"因为""由于"的地方用了"为了",例如:

(6) ＊为了企业的发展与职工的利益直接联系着,所以职工的积极性和创造性不断高涨。
(7) ＊八一队这次为什么失败？我看不是为了别的,而是因为有了十比零的绝对优势而疏忽大意了。
(8) ＊他为了怕让人笑话自己胆小,便硬着头皮第一个钻进了这伸手不见五指的山洞。

例(6)"为了"宜改为"由于";例(7)"为了"应改为"因为",以便跟下文"而是因为……"相一致;例(8)"为了"可改为"由于",也可以保留"为了",但要将"怕"改为"不"。

"因为""由于"虽然都表示原因,但在用法上仍有不同。

1. "因为"在口语中常用,"由于"很少用于口语。

2. "由于"既可以同"所以"配合,又可以同"因而""因此"配合;"因为"只同"所以"配合,不能同"因而""因此"配合。如前面例(3)的"所以"不能换成"因而""因此",例(4)的"因而"、例(5)的"因此"都能换成"所以"。

3. 用"因为"的原因从句可以放在主句的后面,用"由于"的原因从句一般不能放在主句后面。例如:

(9) 他没有来开会,因为他病了。
(10) ＊他没有来开会,由于他病了。

例(9)可以说,例(10)就是病句。

"由"是介词。它有时是"从"的意思,例如,"由南到北""由明年开始""由不懂到懂";有时是"归、靠"的意思,例如"由他负责""大家都不说话,只好由你决定了"。按说,"由"和"由于"的区别是明显的,但由于这两个词都有一个"由"字,因此在写作中常有人在该用"由"的地方用了"由于",例如:

(11) ＊学习上的退步,往往是由于自满开始的。
(12) ＊到目前为止,人还不能完全控制自然灾害,农业收成的好坏,在很大程度上还是由于自然条件的好坏决定的。

例(11)说的是事情的起点,相当于"从"的意思,例(12)说的是农业收成的好坏是靠什么决定的,都不能用"由于",应改用"由"。

八、以至　以致

"以至""以致"都是连词,而且读音相同,字形相近,因此常常有人用错。其实这两个词的意义和用法是很不相同的。

"以至"的意思相当于"直到""甚至",表示由小到大、由少到多、由低到高、由浅到深的递进关系(也可用于相反的方向)。连接的成分如不止两项,"以至"一般用在最后一项之前。例如:

(1) 一石居是在的,狭小阴湿的店面和破旧的招牌都依旧;但从掌柜以至堂倌却已没有一个熟人,我在这一石居中也完全成了生客。(鲁迅《在酒楼上》)
(2) 搞城市建设不能只看眼前,要考虑到明年、后年以至十年、二十年。
(3) 这项工艺改革成功的话,生产效率将会提高几倍以至十几倍。
(4) 实践、认识、再实践、再认识,这种形式,循环往复以至无穷,而实践和认识之每一循环的内容,都比较地进到了高一级的程度。(毛泽东《实践论》)

"以至"还可以说成"以至于"。例如:

(5) 许多美的人和美的事,错综起来像一天云锦,而且万颗奔星似的飞动着,同时又展开去,以至于无穷。(鲁迅《好的故事》)
(6) 对群众的批评采取抵触以至于压制的态度,那是十分错误的。

"以致"则表示"致使""弄得"的意思,用在因果复句的主句开头,表示下文所说的是上述原因所造成的结果。这种结果大多是不好的,或是说话人所不希望的。例如:

(7) 对于非本质和非主流方面的问题,不能忽视,而且要认真对待,很好解决,但是,不应当将这种问题看成为本质和主流,以致迷惑了自己的方向。
(8) 据可查考的资料记载,新中国成立前蒋家沟的泥石流曾经十多次隔断小江、堵塞河道,以致洪水四处泛滥,淹没了许多农田、房屋。
(9) 由于他不听从劝告,以致上了别人的当。

"以至"和"以致"的区别是明显的。有时似乎在同一个句子里,既可以用"以至",也可以用"以致",其实意思是不同的。例如:

(10) 在一片赞扬声中,他变得飘飘然起来,以至看不到自己工作中的缺点。
(11) 在一片赞扬声中,他变得飘飘然起来,以致看不到自己工作中的缺点。

例(10)用"以至",表示递进关系,强调程度的加深,意思是"在一片赞扬声中,他变得不仅飘飘然起来,而且发展到了看不到自己工作中缺点的程度"。这里的"以至"可换成"甚至"。例(11)用"以致",表示因果关系,强调由于上述原因而造成的结果,意思是"他在一片赞扬声中由于变得飘飘然起来,因此连自己工作中的缺点也看不到了"。这里的"以致"可换成"因此"。

常见的毛病是误把"以至"当"以致"用。例如:

(12) *他只听了一面之词,以至没有处理好那两家的纠纷。
(13) *他腹部连中三弹,以至生命危在旦夕。
(14) *由于他看问题的方法不对,又不听从别人的劝告,以至犯了错误。
(15) *她儿子做了坏事,甚至拿了人家的东西,她不但不加管教,还替他隐瞒,以至使她儿子逐渐走上犯罪的道路。

这些句子里的"以至"都用错了,因为从意思上看,前后分句之间只能是因果关系,不可能是递进关系。例(12)、(13)干脆将"以至"删去,这样句子还简洁些。例(14)、(15)要改用"以致"。

九、从而　进而

"从而""进而"是两个意思不同的连词。

"从而"的作用在于引出表示结果的主句,这种结果可以是在已有的结果的基础上产生的,也可以是在某种条件下产生的。例如:

(1) 大家从团结的愿望出发,通过批评与自我批评,消除了多年来的隔阂,从而达到了新的团结。
(2) 以前,沈阳、锦州两铁路局调度在交接车上常有摩擦。今年年初两局主管运输工作的领导同志得知这一情况后,都加强了对本局调度人员的教育,强调要识大局、顾整体,严于律己,严格按计划办事,从而改善了马三家站分界口的交接车工作,大大提高了两局的运输效率。

(3) 工程师刘守忠在京广铁路韶广段复线定测中,认真负责,精心修改了韶关、马坝车站初测设计方案,从而为国家节省工程投资553万元。

"进而"则强调在前一行动的基础上,采取进一步的行动。例如:

(4) 铁道部决定,先评选出各局、厂的先进集体和先进个人,进而评选出部的先进集体和先进个人。
(5) 要完成今年经济建设的任务,并进而实现90年代的奋斗目标,关键在于深化改革、扩大开放。
(6) 由于人与人之间存在个性的差别,会产生出矛盾,出现相互交往的障碍,因此了解这些差别,有助于理解许多冲突产生的根源,进而克服交往中的困难。

如果进一步采取的行动,从某种意义上说也可以看作是前一行动所产生的结果,那么,既可以用"进而",也可以用"从而",但意思上有差别。试比较:

(7) 为了迫使她屈服,他们停发了她的工资,进而切断了她的一切经济来源。
(8) 为了迫使她屈服,他们停发了她的工资,从而切断了她的一切经济来源。

例(7)用"进而",是说他们在停发了工资后,还进一步切断了她除工资以外的其他经济来源。这意味着迫害的加深,前后是递进关系。例(8)用"从而",是说由于他们停发了她的工资,这样就切断了她的一切经济来源。这意味着前后是一种因果关系。

由于"从而""进而"都包含"而"字,在用法上有时又似乎相通,因此常有人用混。常见的毛病是,该用"从而"的地方用了"进而"。例如:

(9) *从去年开始,徐州市进一步走出国门,先后派出40多个代表团参加国内外一系列大型经贸洽谈活动,特别是到众多发达国家和地区与大财团、大商社、跨国公司进行经济技术合作洽谈,进而使利用外资的路子逐步拓宽。
(10) *来自个体经济的压力和挑战,促使国营和集体商业部门改善经营方式,改善经营手段,改善服务态度,进而无形中形成了经济生活中的竞争局面。

例(9)"进而"后面所说的内容,不是徐州市走出国门的进一步行动,而是进一步走出国门后所收到的良好效果。同样,例(10)"形成了经济生活中的竞争局面"并不是"国营和集体商业部门改善经营方式,改善经营手段,改善服务态度"的进一步措施或行动,而是"来自个体经济的压力和挑战,促使国营和集体商业部门改善经营方式,改善经营手段,改善服务态度"所出现的一种结果。这两个例子里的"进而"都应该换成"从而"。

十、而且 况且 何况

这三个都是连词,都表示递进关系,但意义和用法并不完全相同。请看下面的例子:

(1) 我们进行科学研究的目的,不仅在于认识世界,而且在于改造世界。
(2) 我想,不告诉他,他一定会着急,况且这事终究是要告诉他的。
(3) 这件事连小孩子都知道了,何况大人呢?

例(1)、例(2)、例(3)都是表示递进关系的复句,但所用的连接词不同。例(1)表示一般的递进关系,所以用"不仅……而且",这里的"而且"不能用"况且""何况"来替换。例(2)用"况且"表示进一步申述理由,即在已经说出的理由之外,再追加一层理由,相当于口语中说的"再说"。这里的"况且"可以换成"何况";似乎也可以换成"而且",但用了"而且","追加理由"这一层意思就不那么显著了,因此在表示进一步申述理由时不宜用"而且"。例(3)用"何况",有"逼进一层"的意思,一浅一深的两件事,浅的如此,深的更不用说了,相当于口语中的"甭说"。这里的"何况"既不能用"而且"替换,也不能用"况且"替换。这说明,"而且"多用来表示一般的递进;"况且"只能用来表示进一步申述理由;"何况"主要用来表示"逼进一层"的意思,也可用来表示进一步申述理由。下面的句子都有毛病:

(4) *搞科学研究,一定要有丰富的材料,况且要有正确的观点。
(5) *上千吨的轮船碰上这样大的风浪也得上下颠簸,而且这么一条小木船。

例(4)前后分句表示一般的递进关系,不能用"况且",应改为"而且"。例(5)表示"逼进一层"的意思,"而且"要改成"何况"。

十一、不管 尽管

"不管"跟"不论""无论"意思相同,表示无条件,即表示某人某事物在任何条件下都是如此。例如:

(1) 不管困难有多大,我们都要克服。
(2) 不管什么人,都要遵守国家的法令。
(3) 不管怎么样,你必须在上课前赶到。
(4) 不论是刮风还是下雨,他都坚持锻炼。
(5) 无论是大汉族主义或者地方民族主义,都不利于各族人民的团结。

这些句子里的"不管""不论""无论"都可以互换,意思不变。这类句子,"不管""无论"等后面的词语,或者是一个包含疑问代词的疑问格式,如例(1)、例(2);或者干脆就是一个疑问代词,如例(3);或者是一个表示选择性的联合词组,如例(4)、例(5)。

"尽管"跟"虽然"意思相同,表示让步转折,即先让步,承认某件事是如此,然后,再转过来指出相反的一面。例如:

(6) 尽管困难很大,但一定要完成任务。
(7) 尽管风很大,雨很大,他们还是按时赶到了。
(8) 这部电影虽然有缺点,但从总体看,还是一部好电影。
(9) 虽然一连去了两封信,也还是没有消息。

这些句子里的"尽管"和"虽然"可以互换,意思不变。这些句子,"尽管""虽然"后面的词语,不能是个疑问格式,不能有选择性。例如,只能说"尽管这样",不能说"尽管怎么样";只能说"尽管刮风下雨",不能说"尽管刮风还是下雨"。这跟"不管"恰好相反。

"不管"和"尽管"在意思和用法上的区别是很明显的,但由于这两个连词有些形似,都含有个"管"字,有人就误用。下面是"不管"和"尽管"相误用的病例:

(10) *到了冬天,不管天气很冷,气温很低,他还是坚持冬泳。
(11) *尽管你的计划订得多好,不切合实际有什么用?

例(10)的"不管"要改成"尽管";如要保留"不管",就得把"天气很冷,气温很低"改为"天气多么冷,气温多么低"。例(11)的"尽管"要改成"不管";如要保留"尽管",就得把"你的计划订得多好"改为"你的计划订得很好"。

十二、只有　只要

"只有""只要"这两个连词都表示要讲条件。但二者是有区别的。"只有"表示所讲的条件是最根本的最有决定性的条件,后面常有"才"跟它相配。例如:

(1) 只有国家康泰,家业才能兴旺,个人才得幸福。
(2) 只有通过实践,才能检验出是否符合客观规律。

"只要"表示有这样的条件就行了。后面常用"就""便"跟它相配。例如:

(3) 只要你肯学,保证一个月就学会了。
(4) 只要你愿意,便可以去报名。

有时,所指条件相同,所指事情相同,但由于一个用"只有……才……",一个用"只要……就……",意思就不一样。例如:

(5) 只有他说话,才能解决问题。
(6) 只要他说话,就能解决问题。

例(5)、例(6)所指事实相同:"他说话"是"解决问题"的条件。但是,例(5)用"只有……才……",表示在说话人看来,这个条件严,非他说话不能解决问题,排斥其他人说话可以解决问题的可能性;例(6)用"只要……就……",表示在说话人看来这个条件是宽的,他说话了就能解决问题,而不排斥别人说话可以解决问题的可能性。

下面这些句子的"只有""只要"都用错了:

(7) *只要及时抓住了发展的时机,立足于改革,所以使各项经济指标保持连续增长的好势头。
(8) *我们只有努力学习,就能攀登科学高峰。
(9) *据杨振宁估计,在今后二三十年中,中国只要在一个稳定的条件下发展,经济和科技才会赶上或超过世界水平。

例(7)"只要"后面引起的分句,并不是表示条件,而是表示原因;应把"只要"改为"因为"。例(8)"只有"和"就"不能相配,或将"就"改为"才",或将"只有"改为"只要"。例(9)"只要"和"才"不能搭配,鉴于杨振宁在文中说到,按中国现在的发展情况,不需多少年,经济和科技就会赶上或超过世界水平,所以例(9)宜将"才"换为"就"。

十三、否则

连词"否则"的作用在于对上文的意思直接作假设性的否定,接着引出根据这假设性否定所推出的结果,由此来反衬、强调上文的意思。"否则"引出的分句可以用陈述句式,也可以用反问句式。例如:

(1) 对错误不能迁就,更不能隐瞒,否则,以后会犯大错误的。
(2) 他是从不失约的,看来一定是出现了什么新的情况,否则,他怎么会不按时来呢?

可见,"否则"相当于"如果不是这样"的意思。但是,它跟"如果不是这样"在用法上不完全相同。用"如果不是这样",它后面还可以出现一个与之平行的意思上跟它一致的假设分句,例如:

(3) 领导班子内部必须搞好团结,如果不是这样,如果领导班子内部闹不团结,工作肯定搞不好。

"否则"则没有这种用法。许多人不了解这一点,把"否则"跟"如果不是这样"完全等同起来,这就使句子出现毛病。例如:

(4) *凡事要三思而行,否则贸然行事,往往会好心办坏事。
(5) *厂领导一定要深入生产第一线,否则只是坐在办公室里听汇报、发号令,肯定指挥不好生产。

例(4)从上文看下来,"否则"就是指"不三思而行",它后面不能再说"贸然行事",这四个字应删去;如果要保留这四个字,得将"否则"改为"如果"。例(5)宜将"否则"改为"如果"。

使用"否则"还要注意一点,那就是"否则"前后的分句在意思上不能构成一个推论关系。例如:"你一定得去,否则他会生气的。""你一定得去"和"他会生气的"不存在推论关系,所以可用"否则"连接。下面使用"否则"的句子都不符合这个要求:

(6) *关键是要转变经营机制,旧的经营机制不转变,旧的管理体制不改革,否则国有企业就不能适应整个国家经济发展的需要。
(7) *国家为我们准备了那么好的学习条件,我们再不学好,否则就对不起国家和人民。
(8) *小陈埋怨地说:"应该昨天就把水泥、沙子这些料备齐,否则今天一上班就可以拌料施工了。"

例(6)"否则"前后的分句存在着明显的推论关系(如果旧的经营机制不转变,旧的管理体制不改革,那么国有企业就不能适应整个国家经济发展的需要),所以这个"否则"应删去,如果要保留这个"否则",就得将"否则"前面的两个分句改为肯定句"一定要转变旧的经营机制,改革旧的管理体制"。例(7)也是或删去"否则",或将"我们再不学好"改为"我们一定得学好"。例(8)"否则"前后分句之间也是假设推论关系,应将"否则"改为"这样"。

十四、曾经　已经

"曾经"和"已经"都是表示时间的副词,都能用于过去时。例如:

(1) 他去年曾经看过这本书。
(2) 我前年已经去过杭州。

但是,"曾经"只能用于过去,"已经"还可以用于未来。例如:

(3) 明天这个时候,他大概已经走了。
(4) 明天晚上六点半你先去他那儿,如果他已经走了,那你就直接去学校。

这两句话中的"已经"都不能换成"曾经"。

用于过去时,"曾经"和"已经"意思也有区别。"曾经"着重表示在说话之前有过某种行为或现象,而"已经"是强调某种行为动作或现象在说话前就发生、存在、实现了。因此,用"曾经"往往暗含着"过去一度如此,现在不如此了"的意思,或"那是以前的事了,现在又另当别论"的意思;而"已经"则与此相反,用"已经"强调过去的事至今有效。试比较:

(5) a. 我曾经决定不再抽烟了。
    b. 我已经决定不再抽烟了。
(6) a. 我曾经去过上海,不过那已是十年前的事,所以我现在很想再去看看。
    b. 我已经去过上海,这次我想去广州看看。

a句用"曾经",表示"决定不再抽烟"和"去过上海"这是过去的事,现在又当别论了。b 句用"已经",则强调这件事到现在仍然有效。

另外,用"已经",动词后常用"了",也可以用"过",如可以说"这个电影我已经看了",也可以说"这个电影我已经看过"。用"曾经",动词后一般用"过"不用"了",如,我们可以说"这个电影我曾经看过",但不能说"这个电影我曾经看了";除非动词后面有数量宾语,如可以说"这个电影我曾经看了三次""我曾经学了三年英语"。

十五、等 等等

"等""等等"是两个后附助词。它们常常附在两个或两个以上并列的词语后面,表示列举未尽。例如:

(1) 参加这次高校运动会的有清华大学、北京大学、北京师范大学、北京医学院等院校。
(2) 自然界存在着许多的运动形式,机械运动、发声、发光、发热、电流、化分、化合等等都是。

"等"还可以表示列举已尽,前后可以有所列各项总计的具体数字,这时"等"含有"一共"的意思。例如:

(3) 这学期我们上了语文、算术、政治、英语、常识、体育等六门功课。
(4) 我们班同学主要来自北方的五个省:黑龙江、吉林、河北、山东、山西等。

"等等"没有这个用法。下面这个句子里的"等等"要改为"等":

(5) *这次参观分批进行。第一批五个班,有一班、四班、六班、九班、十班等等。

在表示列举未尽时,二者还有区别。

第一,"等等"一般不用于指人的名词和专有名词之后,"等"不受这个限制。例如:

(6) 出席这次大会的,有工人、农民、学生、战士等。
(7) 唐代著名诗人有杜甫、李白、白居易等。
(8) 四川省主要的河流有嘉陵江、沱江、岷江、大渡河等。

这三个例子里的"等",都不能换成"等等"。

第二,"等等"后面一般不能再有其他词语,"等"不受这个限制。例如:

（9）这次运动会有田径、体操、射击等比赛项目。
（10）这次运动会的比赛项目很多,有田径、体操、射击等。

例(9)"等"后面紧跟着另外的词语"比赛项目",这里的"等"就不能换成"等等"。例(10)"等"后面没有其他词语,这里的"等"就可以换成"等等"。

第三,"等等"跟前面的词语之间可以有停顿,"等"则不允许有停顿。例如:

（11）记得小时候看过一些以体坛生活为内容的影片,如《女篮五号》《球场风波》《冰上姐妹》《水上春秋》《女跳水队员》,等等,那生动的故事情节、血肉丰满的银幕形象至今记忆犹新。

这句话的"等等"如果要换成"等","……《女跳水队员》"后面的逗号(,)就要去掉,要说成:

（12）记得小时候看过一些以体坛生活为内容的影片,如《女篮五号》《球场风波》《冰上姐妹》《水上春秋》《女跳水队员》等,那生动的故事情节、血肉丰满的银幕形象至今记忆犹新。

第四,"等等"可以重复,"等"不能。例如:

（13）这批货物品种很多,包括布匹、手表、收音机、电视机、电脑等等,等等。

此外,"等等"和"等"这两个助词前面一般不能只列举一项,起码要两项,下面这个句子有毛病:

（14）*参加会议的单位很多,有京棉一厂等。

应在"京棉一厂"后面加上一个或几个参加会议的其他单位。但如果前面是人称代词或指人的名词,可以只列一项,而且这时也只能用"等",不能用"等等"。例如"你等务必尽快离京""陈刚等已于前日动身",不能说成"你等等务必尽快离京""陈刚等等已于前日动身"。

十六、所

"所"是个助词,它有两种用法:

第一,加在及物动词前边,构成一个名词性的结构,指代动作行为的受事。例如:

(1) 他老人家终于回到了阔别多年的祖国,所见所闻无不感到新鲜、亲切。
(2) 众人议论纷纷,所说不一。
(3) 一般所谓的"兼语式"和"递系词组"虽说法不同,所指则相同。

"所见"是指"见到的东西","所闻"是指听到的话,余者类推。以上的说法都比较文,现在常见的是在动词之后另有助词"的"跟"所"相配合。例如:

(4) 他所谈的未必都是实话。
(5) 我们所了解的情况都已上报局长。
(6) 这是我们所掌握的全部材料。

这里值得注意的是:"所"字只能加在及物动词前头,绝对不能加在不及物动词或形容词头上,如不能说"所合作的""所休息的""所卖力的";当"所……的"作定语时,它所修饰的名词在意念上一定得是动词的受事。例如:

(7) 他所讲的故事　　　　　[讲故事]
(8) 我们所掌握的全部材料　[掌握全部材料]
(9) 所采纳的意见　　　　　[采纳意见]
(10) 所谈论的问题　　　　　[谈论问题]

下面用"所"的句子都有毛病:

(11) *我印象里他所值班的那一天是六月九日。
(12) *这就是大家长期以来所争吵的问题。
(13) *这些相片都是她所珍贵的。
(14) *右下角的数目字指明了这X光片子所拍摄的时间。

例(11)"值班"是不及物动词,前面不能加"所"。这里的"所"完全是多余的,应删去。例(12)"争吵"也是不及物动词。如保留"所",将"争吵"改为"争论"。例(13)"珍贵"是形容词,应改为及物动词"珍爱"。例(14)"拍摄"倒是及物动词,但是后面的"时间"并不是它的受事。应将"所"删去。

第二,用在被动句里,跟介词"为""被"相配合,增强被动意味。例如:

(15) 随着工业的发展,污染也越来越严重,而污染的严重性,近三十年才逐渐被人们所认识。
(16) 看问题要看本质,切不可为表面现象所迷惑。

下面句子里的"所"字都用得不恰当:

(17) ＊各国乒乓健儿由国家体委和中国乒协负责人所陪同,游览了颐和园。
(18) ＊水由一份氧两份氢所组合而成。
(19) ＊我们国家由于长期以来不搞经济立法所造成的经济损失简直没法计算。
(20) ＊圆明园为清代名园之一,被誉为"万园之园"。1860年给英法联军所焚毁。

例(17)、例(18)里的"所"完全是多余的,都应删去。例(19)跟"由于"相配的应是"而",不是"所"。应将"所"改为"而"。例(20)"给"虽是表示被动的介词,但它是个口语词,而"所"是个书面语词,不能相配,宜将"给"改为"为"。

练 习

下面的句子虚词使用不当,请指出并改正过来。
1. 他就是不吃你这一套,你又把他能怎么样?
2. 他在环境保护方面做了大量的宣传教育工作,常常把生活中的生动事例来教育大家。
3. 由于篇幅的限制,只好把这些宝贵的题材割爱了。
4. 他感到自己被人不了解,十分苦恼。
5. 1980年以来有十八名学习成绩很差,又不肯用功的学生被退学。
6. 这座县城对他是陌生的,没有别的熟人,没有别的可落脚的地方。
7. 这不仅是对于我们的信任和鼓舞,也是对于我们提出了更高的要求。

8. 我们班小王除了学英语外,其他同学都不学英语。
9. 孙中山先生的事迹或形象,给参观者留下了深刻的印象。
10. 熟悉陈厂长的工人、技术员或干部,都摸到了一条规律:上午十点以后找他,不要到厂长办公室,而要到车间和图书资料室。
11. 我想,放暑假后,我和弟弟去乡下姥姥家住一段时间,还是和同学去登泰山。
12. 在巴黎时,他们团的一位成员,不知是上飞机前吃了什么不干净的东西,或是飞机上吃了什么变了质的午餐而未觉察,下了飞机后肚子就闹腾起来了。
13. 皮肤干燥,身上发痒,应当洗澡,可是有的人却为了怕痒不愿意洗。
14. 他没能参加这次考试,由于他病了。
15. 今年秋天都这么冷,况且到了冬天?
16. 放心吧,大家都能谅解你,而且他还是你的好朋友。
17. 到了冬天,尽管天气多么寒冷,他还是坚持每天去夜校学习。
18. 他只要答应了你,不管有很多困难,他一定会办到的。
19. 这孩子很倔强,他要想不通,谁也无法叫他干什么。只有他想通了,事情就好办了。
20. 我们应该刻苦学习,否则不学习,就很难把自己培养成建设祖国的有用人才。
21. 我曾经学了法语,现在要学英语了。
22. 她有点后悔:那天为什么把他不挡一挡?
23. 凡是他所定稿的文章,都见报了。

第十讲　常见的语法错误

句子里的语法错误是各种各样的,这里只谈常见的几种。有些语病,如"搭配不当""残缺""词语位置不当"等,虽已分别在前面几讲里谈到过,但考虑到这一讲是集中谈句子的语法错误问题,所以,这里将不避重复,再作进一步的说明。

一、搭配不当

所谓搭配不当,是指句子中相关的成分搭配不当。主语和谓语、述语和宾语、定语和中心语、状语和中心语都是句子密切相关的成分,在组织句子时,不注意它们之间的配合,就会犯搭配不当的毛病。

(一) 主语和谓语搭配不当

主谓搭配不当是常见的毛病。请看下面的例子:

(1) ＊修建高速公路是很必要的,但是应该看到,我们国家的经济基础还比较低,还不能一下子省与省之间都通高速公路。
(2) ＊鲁迅的晚年,仍然是精力充沛,精神焕发,继续写下了许多不朽的作品。
(3) ＊我们怎么能把有限的物资搁在一边,判之为无用呢?这样的浪费岂不令人深省吗?
(4) ＊生活告诉人们:急躁的人往往容易转化为灰心丧气。
(5) ＊秋天的北京是一年中最美丽的季节。

例(1)"经济基础"与"低"不能搭配。如果要保留"经济基础",可以将"低"改为"薄弱";如果要保留"低",可以将"经济基础"改为"经济发展水平"。例(2)包括三个分句,从现在的句子构造看,每个分句的主语都只能是"鲁迅的晚年",这显然与三个分句的谓语不搭配。宜将"鲁迅"和"晚年"之间的"的"改为介词"在"或"到",让"鲁迅"居主语地位。例(3)后一句的主语,"这样的浪费"跟谓语"岂不令人深省"搭配不合适,谓语宜改为"令人痛心"或"令人触目惊心"之类的词语；如果要保留谓语"岂不令人深省"，整个句子就得改为：

(6) 我们怎么能把有限的物资搁在一边,判之为无用呢？为什么会造成这样的浪费呢？这岂不令人深省吗？

例(4)"急躁的人"跟"往往容易转化为灰心丧气"不搭配,删去"转化为"就可以了。例(5)"北京"不能是"季节",修改方法是：要么把主语改为"北京的秋天",要么把谓语改为"是一年中最美丽的"。

下面的例子也是主谓搭配不当：

(7) ＊内容正确是衡量文章好坏的重要标准。

(8) ＊汽车本身质量的好坏,也是保证行车安全的一个很重要的条件。

例(7)主语"内容正确"是从一个方面说的,而谓语"是衡量文章好坏的重要标准"则是从好和坏这两方面说的,不搭配。宜将主语改成"内容是否正确"或"内容正确与否"。例(8)刚好相反,主语是从两个方面说的,而谓语是从一个方面说的,也不搭配。宜将谓语改成"也是能否保证行车安全的一个很重要的条件"。

当主语或谓语是联合词组时,更要注意主谓的配合。下面的句子都有问题：

(9) ＊每当我回忆起跟随朱总司令度过的日日夜夜,他那平易近人、和蔼可亲的音容笑貌,亲切动人、循循善诱的谆谆教导,就重新出现在我的面前。

(10) ＊我觉得,他们的思想境界和风格比我们高尚得多。

这两个例子中作主语的偏正词语,其中心语都是联合词组,但谓语却只能跟联合词组中的一项相配,犯了顾此失彼的毛病。例(9)"……谆谆教导"怎么能"重新出现在我的面前"呢？全句可改为：

(11) 他那平易近人、和蔼可亲的音容笑貌就重新出现在我的面前,他那亲切动人、循循善诱的教导就重新回响在我的耳边。

例(10)"风格"可以说"高尚","思想境界"是不能说"高尚"的；将谓语"高尚"改为"高",便两项都照顾到了。

请再看一个例子：

(12) ＊当获知新中国诞生的喜讯时,江姐她们无比激动,她们的心立刻飞向了党中央毛主席居住的北京城。

例(12)就整个句子看,主语和谓语的搭配没有什么问题,如果我们一层一层分析下去,就会发现作"北京城"定语的"党中央毛主席居住"这个主谓词组有毛病。这个主谓词组的主语是联合词组"党中央毛主席",而谓语"居住"不能跟这两项都相配。可以说"毛主席居住",不能说"党中央居住",如果把"居住"改为"所在",就可以了。

(二) 述语和宾语搭配不当

下面的例子都犯了述宾搭配不当的毛病:

(13) *这是诗人深入农村,在农村生活了三年后所出版的一本新的诗集,它记录了诗人新的里程碑。
(14) *在工作中,我们要时时进行反省,不断发挥优点,改进缺点。
(15) *当时,经济效益差一直困扰着这个拥有五万多职工的大企业,一时谁也提不出使企业走出困境的灵丹妙药。

例(13)"记录了……里程碑"显然不妥。最后一个分句宜改为"它记录了诗人新的生活,是诗人前进中的新的里程碑"。例(14)"优点"不能说"发挥","缺点"也不能说"改进"。应将"发挥"改为"发扬","改进"改为"克服"。例(15)"提不出"和"……灵丹妙药"不能搭配。如果保留"提不出",就得把"灵丹妙药"改为"好的解决办法";如果要保留"灵丹妙药",就得把"提不出"改为"拿不出"。

上面的病例是从语义上看述语和宾语不相配。还需要注意另一种毛病,即述语和宾语从词性上看不能相配。下面是不能带宾语的成分而带了宾语的病例:

(16) *我不由得仰起头,无限深情地注目着那拔地而起的钢筋混凝土墙壁……
(17) *现在正是汪祖尚最困难的时候,我们应该想法帮忙他,不能袖手不管。
(18) *经过半年的学习,张秀兰已经非常熟练汽车的驾驶技术。
(19) *哪一位老师都愿望自己教过的学生将来成为国家的栋材。

例(16)"注目"是不及物动词,后面不能带宾语。"注目"可改为"注视"或"望"。例(17)"帮忙"也是个不及物动词。"帮忙"和"帮助"意思差不多,但用法不同,"帮助"是及物动词。应将"帮忙"改为"帮助",或将"帮忙他"改为"帮他的忙"。例(18)"熟练"是个形容词,不能带宾语。"熟悉"是及物动词,但这里用"熟悉"也不妥。宜改为"张秀兰已经非常熟练地掌握了汽车的驾驶技术"。例(19)"愿望"跟"愿意""希望"不同,它是个名词,后面也不能带宾词。可改用"希望",如改用"愿意"则在"自己"前加"使"。另外,"栋材"这个说法也不好,宜改为"有用人才"或"栋梁"。

下面例句犯的是另一种毛病:

(20) *坝上高原的自然条件非常差,特别是风沙很大,严重影响农业生产。所以要彻底改变坝上地区贫穷落后,必须植树造林,防风固沙。

(21) *在焦作市发现的一组元代杂剧陶俑中,有奏乐、吹口技、跳舞等,个个姿态优美,生动逼真。

(22) *在讨论会上,不少同志建议今后在教学、科研方面的紧密合作关系,到会的同志都表示赞同。

(23) *时针已指向一点正,小芹又一次来催她爹吃饭,这时汤秉正才感到了进食的欲望。

这四个例句的毛病是能带宾语的成分跟所带的宾语在词性上不相配。例(20)里的"改变"、例(21)里的"有"都要求后面带名词性宾语,现在却不符合这个要求。例(20)"……落后"后面应加上"的面貌",例(21)最好不用述宾关系而改用主谓关系来表达,把"有"改为"有的",全句改成:

(24) 在焦作市发现的一组元代杂剧陶俑中,有的奏乐,有的吹口技,有的跳舞,等等,个个姿态优美,生动逼真。

例(22)和例(23)与前面两个例子情况相反。例(22)里的"建议"、例(23)里的"感到"都不能带名词性宾语,可是现在带的宾语都是名词性成分。例(22)可改为"建议今后在教学、科研方面进一步加强合作";例(23)可将"感到"改为"产生"或"有"。

当述语或宾语为联合词组时,更要注意述宾之间的配合。下面的例句在述宾配合上都犯有顾此失彼的毛病:

(25) *报告精辟地分析了科技战线的现状和今后的任务。

(26) *一提起笔,我就好像看见你们充满朝气的脸,发光的眼睛和响亮的、快乐的声音。

(27) *敌人共四个团的兵力,妄图一举强占和吃掉我山上留守的兵力。

(28) *这一年来,长沙市教育局采取各种办法,努力培养和提高中学中青年教师的业务水平,收到了很好的效果。

例(25)宾语"科技战线的现状和今后的任务"是个联合词组,述语"精辟地分析了"只能与"现状"相配,不能和"任务"相配,宜改为"精辟分析了科技战线的现状,并提出了今后的任务"。例(26)"充满朝气的脸""发光的眼睛"是可以看见的,"响亮的、快乐的声音"则只能听见,不能"看见"。宜在"眼睛"后加逗号,并把"和响亮的、快乐的声音"改为"听见你们响亮而快乐的声音"。全句改为:

(29) 一提起笔,我就好像看见你们充满朝气的脸,发光的眼睛,听见你们响亮的、快乐的声音。

例(27)述语"强占和吃掉"是个联合词组,可以说"吃掉……兵力",不能说"强占……兵力"。宜改为"妄图一举强占山头,吃掉我山上留守的兵力"。例(28)跟例(27)是同样的毛病,我们只说"提高……业务水平",不说"培养……业务水平"可改为"努力培养中学中青年教师,提高他们的业务水平"。

(三)修饰语和中心语搭配不当

定语和状语是修饰、"打扮"中心语的,如果搭配不当,不但起不到应有的作用,反而会弄巧成拙。例如:

(30) *我们国家有勤劳勇敢的人民,又有优裕的自然资源,我们一定能把我国建设成为现代化的强国。

(31) *从他身上,我们看到了革命战争年代探索出来的干部和群众打成一片、同甘共苦的好传统。

(32) *印度电影周的上映,将进一步加强中印两国的文化交流,促进中印两国人民的友谊。

(33) *由于坚持植树造林,这一带基本上根除了风沙灾害。

(34) *20世纪80年代以来,我们家乡由于实行改革开放的政策,从此像跨上了骏马,日新月异地奔驰在现代化建设的大道上。

例(30)—(32)是定语和中心语不相配。例(30)"优裕"是指生活富裕、经济充足,不能用来说明"自然资源",应将"优裕"改为"丰富"。例(31)"传统"不是"探索出来的",宜将定语"探索出来 的"改为"形成的"。例(32)上映的是电影,不是"电影周"。或把"周"字删去,或把"上映"改成"举办"。例(33)和例(34)是状语和中心语不相配。例(33)"基本上"和"根除"在语义上是矛盾的。是"根除了",就不能用"基本上"来修饰;是"基本上",就不能说"根除了"。例(34)"日新月异""跨上骏马""奔驰"都是作者用来说明家乡变化之快的词语,但是,"日新月异"本身不能直接来说明"奔驰"。可将"奔驰"前的"日新月异"删去,在原句后面加一句"发生着日新月异的变化"。

在定语和中心语的搭配上,我们还需注意量词跟名词的配合。汉语中,什么样的名词用什么样的量词,是比较固定的,不能乱用。下面的例子都有毛病:

(35) *在新的历史性长征中,教育战线担负着培养大批思想品德好并能精通业务的科技队伍的历史任务。

(36) *由于他试制成功了这项新的电子元件,从而弥补了我国电子工业上的一个空白。

例(35)队伍只能论"支",不能论"批"。如果保留"大批",把"队伍"改为"人才";如果保留"队伍",将"大批"改为"一支"。例(36)电子元件不能论项,应将"这项"改为"这种"。

修饰语或中心语是联合词组时,更要注意搭配问题。下面的例子都有毛病。

(37) *他想,自己有双聪明能干的手,什么都能造出来。

(38) *三月二十九日,冲河村村长亲自带人送来感谢信,这件好人好事才在厂里流传开来。

(39) *一个领导干部应该具有渊博的知识和经验。

(40) *我们应该勤勤俭俭地干活儿、过日子。

(41) *我们必须注意研究流氓盗窃分子的活动情况和规律,以便稳准狠地识别和打击他们。

例(37)"手"前面有个联合词组充任的定语"聪明能干","能干的手"可以说,"聪明的手"不能说。可将"聪明"改为"灵巧"。例(38)受"这件"修饰的中心语"好人好事"是个联合词组,可以说"这件好事",但"这件好人"是不说的。可将"件"改为"个",较好的改法是将"件"改为"一"。例(39)"知识和经验"是个联合词组,而定语"渊博"只能修饰"知识",不能修饰"经验"。宜改为"具有渊博的知识和丰富的经验"。例(40)中心语"干活儿、过日子"也是个联合词组,状语"勤勤俭俭"只能跟"过日子"相配,不能跟"干活儿"相配。全句可改为:

(42)我们应该兢兢业业地干活儿,勤勤俭俭地过日子。

例(41)"打击"可以用"稳准狠"来形容,"识别"则不能。改法有两种:或者把状语"稳准狠"改为"更好地";或者分成两句,说成"以便更好地识别他们,稳准狠地打击他们"。

二、残　缺

句子里缺少了必不可少的成分,就是残缺。例如:

(1) *每当媳妇拿回奖状,用奖金买回糕点,送到婆母手里时,怎么不高兴、不光荣呢?
(2) *二十世纪八十年代以来,冰心的研究受到普遍重视。

例(1)"怎么不高兴、不光荣呢?"是用来说明谁的呢?不清楚。这是因为这句话缺少了必不可少成分,以致影响了意思的表达。应把主语"婆母"补出来。此外,"怎么……不光荣呢?"也欠妥,应在"光荣"前加"感到"一词。例(2)到底是说"冰心的研究工作普遍受到重视"呢,还是说"对冰心的研究受到普遍重视"呢?不清楚。从上下文看,是指后者。应在"冰心"前加介词"对"。这句话就是由于缺少了必不可少的虚词以致影响了意思的表达。

(一) 残缺主语

这是写作中常见的语法错误。例如:

(3) *从王家营子村的变化,说明农村普及科技知识,实施科学种田是多么迫切,多么重要啊?
(4) *通过这起发生在哈尔滨铁路局绥佳线上发生的"130重大事故",给了各列车段的各级领导以深刻的教训:"层层不负责任,安全就没有保证!"
(5) *在老师的鼓励和帮助下,增强了她学好外语的信心,经过这两年的刻苦努力,她终于较好地掌握了英语。

这三个例子都是由于滥用介词造成了残缺主语的错误。例(3)、(4)分别把介词"从""通过"去掉,句子就没有毛病了。例(5)需将介词"在"和后面的"下"删去;另一种改法是把"增强了"后面的"她"挪到"增强了"前头,让"她"作主语。

不注意使动句式的运用也容易造成残缺主语的毛病。例如:

(6) *听了李富英的话,使他心里感到很不舒服,就坐在一边不言语了。

(7) *高老大看到了儿子的亲笔信,才使他放下心来。

(8) *每当想起我妈妈悲惨的遭遇,免不了要使我流泪。

(9) *在老师的耐心帮助下,终于使他认识到了吸烟的害处,下决心把烟戒了。

例(6)"使他心里感到很不舒服"的是"李富英的话",而不是"听了李富英的话"这一行为。就全句意思看,宜将"听了"删去。例(7)—(9)毛病跟例(6)类同,但情况又各不相同,改法不一定相同。例(7)宜将"使"删去,把"才"挪到"放下心来"的前面。例(8)也应将"使"删去,把"我"挪到"免不了"的前面,让它作主语。例(9)或删去"在""下",或删去"使",而把"终于"挪到"他"的后面,这两种改法都可以。

在复句组织中转换句式或转换话题之后,滥用省略,也会造成残缺主语的毛病。例如:

(10) *在第三届国际固氮学术会议上,他的论文受到了与会科学家的高度重视,给予了很高的评价。

这个复句的前一分句用的是被动句式,后一分句用的是主动句式,而且话题也变了,但变了的话题却随便省略了,致使残缺主语。宜在"给予"前补出主语"大家"。下面的例句犯的是同样的错误:

(11) *在周总理的亲切关怀下,北京的烤鸭技艺越来越精湛,一九七二年美国总统尼克松访华时,特地用烤鸭来宴请他的随行人员。

(12) *这几年来,学校加强了教学管理,严格了教学秩序,一旦发现谁考试时作弊,根据情节轻重,就会被通报批评,或者被记过,直到不发给学位证书。

(13) *民警李秀英抱着小兰兰,一边哄着她,一边一条胡同一条胡同寻找孩子的家,最后终于在麻线胡同找着了,一进门就扑到妈妈怀里,呜呜哭起来了。

例(11)谁"特地用烤鸭来宴请他的随行人员"呢?按原句的写法,会让人误认为是美国总统尼克松。其实从报道看,是我国政府进行宴请。应在"特地"前补出主语"我国政府"。例(12)一共包含六个分句,第一、第二、第三这三个分句都是主动句式,这三个分句的话题相同,都是"学校";第四、第五两个分句是被动句式,而且改换了话题;最后一个分句又是主动句式,并又换用了跟第一、第二、第三个分句相同的话题。这些改换的话题在分句中都给省略了,以致造成残缺主语,结构混乱的毛病。例(12)可以有两种改法:一种改法是都采用主动句式,全句改为:

(14) 这几年来,学校加强了教学管理,严格了教学秩序,一旦发现谁考试时作弊,就将根据情节轻重,对他进行通报批评,或者给以记过,直至不发给学位证书。

另一种改法是"一旦"后的分句都采用被动句式,全句改为:

(15) 这几年来,学校加强了教学管理,严格了教学秩序,一旦谁被发现考试时作弊,就会被通报批评,或者被记过,直至不被授予学位。

根据例(12)的内容,(14)的改法要好一些。例(13)"扑到妈妈怀里"的当然是"小兰兰",而不会是"民警李秀英",但由于"一进门……"这个分句随便省略了主语,引起了句子意思的混乱。"一进门……"这个分句的主语"小兰兰"是不能省掉的。

有时,复句中各分句的主语虽然相同,但也不能随便省略。例如:

(16) *清华有数以千计的人或者直接聆听过周总理的教诲,或者同周总理亲切座谈过,或者向周总理汇报过工作,受到了周总理细致入微的关怀。

这个复句一共包含四个分句,前三个分句是分述,最后一个分句是总说。这个总说的分句主语不能随便省略,省略了就会使句子不通畅,意思也不清楚。按现在的写法,读者可能以为受到周总理细致入微关怀的只是向周总理汇报工作的那部分同志。其实,作者的原意并不是这样。宜在"受到"前加上"他们都"。

(二) 残缺谓语

残缺谓语的毛病比起残缺主语的毛病要少得多,但是依然存在。这多半是由于急于往下写,一时疏忽所造成的。例如:

(17) *唐总经理一听说××国家厂商不顾信义,单方面撕毁合同,停止供应汽车零件,就怒火中烧。他由于按捺不住怒火而折断了手中的铅笔这个动作,如果唐总经理不发火、不激动,倒是不符合他的思想性格的,这丝毫谈不上有什么鲁莽之处。

(18) *陈毅同志他那光明磊落、虚怀若谷、无私无畏的革命情操和胆略,陈毅同志正是大雪中挺且直的青松,是霜重色愈浓的红叶。

例(17)"他……这个动作"该是主语,可是后面没有见到与之相配的谓语,犯了残缺谓语的毛病。例(17)这一段话是反驳别人的意见的话。宜在"他……这个动作"之后补上"是合乎情理的"或"绝不是鲁莽的表现"之类的谓语。例(18)是个复句,第一个分句主语很长,作者写到后面就忘了把谓语写出来,也犯了残缺谓语的毛病。改法有二:一是在"陈毅同志他那……胆略"后补上"值得钦佩"那样的谓语;二是在"陈毅同志他那……胆略"后加上动词"表明",使全句成为:

(19) 陈毅同志他那光明磊落、虚怀若谷、无私无畏的革命情操和胆略表明,陈毅同志正是大雪中挺且直的青松,是霜重色愈浓的红叶。

(三) 残缺宾语中心

汉语里的及物动词大部分要求带名词性宾语。可是,常常见到该带名词性宾语的动词后面却带上了非名词性宾语,这种毛病大多数表现为残缺宾语中心。例如:

(20) *由于上述种种原因,不少售货员不安心本职工作,更谈不上树立全心全意为人民服务了。

(21) *由于长期以来中小学教师受到不公正的待遇,所以一些在职教师产生了"当教师倒霉,没出息"。

例(20)需在"……为人民服务"之后加"的思想"三个字,例(21)句末要加上"的思想"或"的想法"。这两个病例从另一个角度说,也可以看作是述宾搭配不当,因此也可以有另一种改法:例(20)删去"树立",让"全心全意为人民服务"直接作"谈不上"的宾语("谈不上"后面可以带动词性宾语);例(21)把述语成分"产生了"改为"认为","认为"可以带动词性宾语。

现在这类毛病特别多,下面再举些例子,以引起大家重视:

(22) *他的发言,表达了我们为把北京站建成现代化车站而努力奋斗。

(23) *这样,就造成了领导机关忙于解答问题走不出办公室。

(24) ＊他出生在一个贫苦农民的家庭,从小养成了热爱劳动。
(25) ＊近两年来,他们队才真正执行了"按劳分配"。

例(22)"表达"后面要求带"……的心愿""……的意思""……的决心"这样的名词性宾语,按句子的意思在"努力奋斗"之后加上"的决心"三个字。同样,例(23)在"领导机关忙于解答问题走不出办公室"后面应加上"的情况",例(24)在"热爱劳动"后加上"的习惯",例(25)在"按劳分配"后加上"的原则",把它们都变为名词性宾语。

(四) 残缺必要的虚词

在句子里缺少了必不可少的虚词,是残缺的另一种表现。这里只谈下列两种情况。

一是少了助词"的"。在汉语里,动词性成分和主谓词组一般不能直接作名词的定语,中间非要用"的"不可。少了"的",实际表示出来的意思跟想要表示的意思会出入很大。例如,要是把"他要我吃的碗"中的"的"落了,说成"他要我吃碗",就会闹笑话;而如果把"我偏支持他反对的那个人"里的"的"丢了,说成"我偏支持他反对那个人",则正好跟原意相反了。句子如果比较短,一般不容易犯这样的错误;句子一长,前后照顾不周,就往往容易把"的"漏掉。例如:

(26) ＊我会相信他散布谣言而跟我的女朋友分开吗?
(27) ＊他身为商场总经理,不但对多数售货员坚决反对出售伪劣产品的不良做法丝毫不加制止,反而指责那些坚持原则的售货员是"拆商场的台",是"不顾大局"。
(28) ＊从云龙山北望,不远处有一个高耸的土山,这便是被项羽尊为"亚父"的范增墓。

例(26)应在"他散布"和"谣言"之间加上"的",变主谓词组("他散布谣言")为偏正词组("他散布的谣言"),因为"我"不相信的不是"他散布谣言"这件事,而是"他"所散布的"谣言"。例(27)作者的原意是批评那位商场总经理对"出售伪劣产品的不良做法"不加制止,但由于在"多数售货员坚决反对"之后缺少了一个"的",意思就全拧了,变成批评那位商场总经理不去制止"多数售货员坚决反对出售伪劣产品"的那种行为。那个"的"一定得补上。例(28)被项羽尊为"亚父"的是范增,不是范增墓,要没有前一句,单看后一句就很容易把"范增墓"误解为亚父的名字。毛病就出在"被项羽尊为'亚父'的范增"和"墓"之间少了个"的"。从这个病例可以看出,当定语不止一层时,不能轻易省"的",否则偏正词组内部的修饰关系就看不清楚。

二是缺少了必要的关联词语。例如:

(29) *近年来,随着电子技术的发展,国外已出现了"电子手",但因为没有感觉,灵敏度差,不能作精细动作,远不能满足病人的要求。

由连词"因为"带起的原因从句到哪儿为止? 就到"没有感觉"这一分句为止,还是到"灵敏度差"这一分句为止,还是到"不能作精细动作"这一分句为止? 光就这个句子本身判断不了,因为"灵敏度差"和"不能作精细动作"这两个分句,既可以分别看作是前面分句的结果,也可以理解为后面分句的原因。从原文内容看,得在"远不能……"之前补上连词"所以"。下面的句子毛病相同:

(30) *他这个人哪,文没文才,口没口才,又好咬死理儿,有了这么一个好咬死理儿的人,村里倒是不吃亏。

(31) *吉林省磐石县曾经是多年无森林火灾的先进县,该县县委主要负责人无视国家法令和合理的规章制度,纵容一些人进入林区乱砍滥伐,毁林开荒、搞副业,使一个好端端的林业先进县成变成山林火灾最多的一个县。

例(30)在"有了……"头上缺了个关联词语,使前后文意不顺。宜在"有了……"前加"可是"或"不过"一类连词。例(31)第一个分句的意思和后面分句的意思显然是正好矛盾的,应该在第二个分句"该县县委主要负责人……"前面加上表示转折关系的关联词语"但是"或"可是",这样就使句子语气连贯,意思清楚了。

三、词语的位置不当

句子里词语的位置放得不当,就会影响句子意思的表达,造成语法错误。例如:

(1) *他把我们几个团的负责同志叫到一起,满怀信心地说:"我相信你们三三七团一定能够出色完成这项狙击任务。"

(2) *平时调皮捣蛋今天却奋勇抢救落水儿童的张晓峰围绕着该不该表彰的问题,展开了一场讨论。

例(1)"几个"的位置放得不当。"几个团的负责同志"这说法是有歧义的,因为这个偏正词组的内部层次构造可以让人作不同的理解:

(a) 几个　团的　负责同志
　　　1　　　2　　　　　　　1-2 "定—中"偏正关系
　　　　　　　3　　　4　　　3-4 "定—中"偏正关系
(b) 几个　团的　负责同志
　　　1　　　2　　　　　　　1-2 "定—中"偏正关系
　　3　　4　　　　　　　　　3-4 "定—中"偏正关系

按(a)理解,意思为一个团里的几个负责同志;按(b)理解,负责同志属于好几个团的。按上下文意思看该指前者。为使句子意思明确,应将"几个"挪至"负责同志"的前面,这就不会产生歧义了。例(2)"围绕着"这个词语,位置摆放不当,让"……张晓峰"作了句子的主语,意思就拧了;该将"围绕着"放到句子头。顺带说明,从表达看,此句最好不用长单句,宜改为:张晓峰平时调皮捣蛋,今天却奋勇抢救了一个落水儿童;围绕着该不该表彰张晓峰这个问题,展开了一场讨论。

(一) 修饰语位置不当

修饰语位置不当也是比较常见的毛病,如例(1),又例如:

(3) *大量事实证明,气功疗法不失为一种好的治疗癌症的方法。
(4) *为了写好这篇报道,我们调查了许多老张的先进事迹。
(5) *那些说了错话、办了错事的人,是属于思想教育的问题,着重对他们进行犯错误的历史环境的分析,不要过多地追究个人责任。
(6) *科学大会召开以后,战斗在各条战线上的广大青年,普遍地为实现"四化"刻苦学习科学文化知识的积极性提高了。
(7) *严冬的夜,格外长,格外冷,我们兄妹缩在地板上,合盖着薄薄的被子,冻得发抖,只好用相互的身子暖和着对方。
(8) *法西斯主义是纳粹分子对广大人民,尤其是对犹太民族最反动地公开实行恐怖手段的专政形式。

例(3)、(4)定语的次序不当。例(3)"好"应挪到"方法"的前面,说成"一种治疗癌症的好方法"。例(4)"许多"应放在"先进事迹"的前面。例(5)、(6)状语的次序弄错了。例(5)状语"着重"是修饰"进行……分析"的,并不包括

"对他们",应将"着重"挪到"进行"之前。例(6)"普遍地"应后移至"提高"之前。例(7)把该作状语的成分错放到了定语的位置上,应把"相互"放在"用"之前作状语,同时删去"的"。例(8)把"最反动"这一该作定语的成分错放到了状语的位置上。这个句子应改为:

(9) 法西斯主义是纳粹分子对广大人民,尤其是对犹太民族公开实行恐怖手段的最反动的专政形式。

(二)前后互相对应的词语对不上号

前后互相对应的词语,次序不一致,彼此对不上号,这也是比较常见的一种词语位置不当的毛病。例如:

(10) *饰演这男女主人公的是人们熟悉的陈冲和高飞。
(11) *王皓是同张继科作了长时间的拉据后才以3∶4败北的,第七局的比分是11∶9。
(12) *这篇文章系统地总结了劳动教养工作的经验,从理论上政策上对劳动教养工作中的各个基本问题作了详细的规定和深刻的阐明。

例(10)不熟悉陈冲和高飞这两位演员的人,看了这句话一定以为陈冲是男的,高飞是女的,其实正相反。应将他们俩的名字倒换个位置,说成"高飞和陈冲"。例(11)包含两个分句,前一分句是从王皓的角度说的,说王皓跟张继科打满了七局才以3∶4败北,那么后一分句在说明他们的关键性的第七局的比分时,应将王皓的得分排在前面,张继科的得分排在后面。可是,作者摆错了他们两个人得分的位置,说成了"第七局比分是11∶9",似乎第七局是王皓赢了。这就造成了前后语义矛盾。例(12)应该将"深刻的阐明"和"详细的规定"换个个儿,让"深刻的阐明"跟前面的"从理论上"相对应,让"详细的规定"跟前面的"政策上"相对应。

(三)某些词语的位置跟介词的要求不合

有些介词在使用中对某些词语的位置有特殊要求,譬如使用介词"把",要求否定词放在"把"之前。我们只能说"他没把信交给我",不能说"他把信没交给我"。不注意这一点,也容易犯词语位置不当的语法错误。例如:

(13) *桂华姐,你为什么把你孩子不一块儿带来呢?

(14) *我们年轻人应该有远大的理想,把自己的一切应该献给祖国,献给人民。

例(13)"不"应该放在"把"字前边。例(14)助动词"应该"也要放在"把"字之前。再如:

(15) *古人云"逆水行舟,不进则退",这个道理对我有了更深刻的认识。
(16) *龙须沟的巨大变化,对于我们这些"老北京"都是非常了解的。
(17) *赵丹是中国最著名的电影演员之一,他的名字无论对中国人民和世界人民都是非常熟悉的。

使用介词"对"和"对于",必须注意主、客的位置。行为动作的主体要放在主语的位置上,客体要放在"对"或"对于"的后边。以上三例都犯了主客倒置的毛病。一种改法,干脆将"对"或"对于"删去;另一种改法,保留"对"或"对于",调整主、客位置。例(15)宜改为:

(18) 古人云"逆水行舟,不进则退",对这个道理我有了更深刻的认识。

例(16)宜改为:

(19) 我们这些"老北京",对于龙须沟的巨大变化都是非常了解的。

例(17)宜改为:

(20) 赵丹是中国最著名的电影演员之一,无论中国人民和世界人民,对于赵丹这个名字都是非常熟悉的。

再如:

(21) *听说他的棋艺很不错,跟他你不妨比试比试。
(22) *他是有名的"往里扒",跟这种人你别打交道。
(23) *昨天,世界各大报纸关于这起震惊世界的空难事件都在显著位置作了详细的报道。

由介词"跟、和、同、与"组成的介词结构一般不能放在主语前面。例(21)"跟他"要放在"你不妨"之后;例(22)"跟这种人"要放在"你别"之后。而由介词"关于"组成的介词结构,不能放在主语后面,可现在例(23)"关于这起震惊世界的空难事件"这一介词结构放在了主语的后面。如果要保留介词"关于",那就得把"关于这起震惊世界的空难事件"移至主语"世界各大报纸"的前面;另一种改法,把"关于"换成"对于"。

(四)词语位置不当破坏句式的对称

汉语句子在语法构造上有时要求句式整齐对称,如果词语位置不当,就破坏了句式的对称,这也是一种常见的毛病。例如:

(24) *由于新光棉纺厂长期以来不抓技术革新,总落在汉兴棉纺厂后面,产量不是比汉兴厂低,就是质量比汉兴厂差。

(25) *这几年的实践充分说明,科技对农业生产越来越起着重要的作用;只有实行科学种田,才能进一步发展农业生产,农民的生活水平才能有更快的提高。

(26) *在东关乡十天的考察,使我们既全面了解了东关乡今天的崭新面貌,也使我们感受到了这几年来农村的深刻变化。

(27) *论学习,小燕比她哥要强多了,不仅比她哥学得扎实,而且学得比她哥活。

"不是……就是……"在句子里要求处于对称的位置上,但是在例(24)里,它们的位置是参差的。后面两个分句宜改为:

(28) ……不是产量比汉兴厂低,就是质量比汉兴厂差。

例(25)最后两个分句,从意思上看是平行的,可是现在在句式上不对称。可以有两种改法:一种是采用述宾格式,"才能"都放分句头上,全句改成:

(29) 这几年的实践充分说明,科技对农业生产越来越起着重要的作用;只有实行科学种田,才能进一步发展农业生产,才能更快地提高农民的生活水平。

另一种是采用主谓格式,将"农业生产"和"农民的生活水平"分别放在分句头上作主语,"才能"放在主语后边,改成:

(30) 这几年的实践充分说明,科技对农业生产越来越起着重要的作用;只有实行科学种田,农业生产才能进一步发展,农民的生活水平才能有更快的提高。

例(26)应将"既"提到"使我们"的前边。例(27)宜将最后一个分句里的"比他哥"挪到"学得"的前面。

四、杂　糅

杂糅也是一种常见的语病。大致有以下几种情况：

（一）两种格式各取一半掺杂糅合

同一个意思，往往可以采用不同的说法，使用不同的格式。下笔的时候，想用某种说法，写着写着却换用了另一种说法，结果把两种说法、两种格式掺杂糅合在一起了，造成结构上的混乱。这种语法错误称之为"杂糅"。例如：

(1) *今年上半年报刊发行量比去年同期相比，增加了一千三百多万份。

这个句子就是把"比去年同期增加了……"和"跟去年同期相比增加了……"这两种说法混杂在一起了。下面例句犯的是同样的毛病：

(2) *学习任务再重，越要坚持体育锻炼。
(3) *为了说明林源村的变化时，《坝上见闻》特意引了一首民谣。
(4) *难道这不是指的同样的东西又是指的什么呢？
(5) *我们村里现有中型拖拉机两台、手扶拖拉机三台、电动机十台、水泵五台、电动脱粒机三台、柴油机一台以及两台插秧机、四辆胶轮车等。
(6) *记得我开始学游泳的时候，王燕总是那样耐心地教我憋气、换气、怎样划水、怎样蹬腿。

例(2)或者将"再"改为"越"，采用"越……越……"的说法；或者把"越"改为"也"，采用"再……也……"的说法。例(3)把"为了……"和"在……时"这两种格式混在一起了。宜采用"为了……"这一格式，将"时"删去。例(4)可以在"难道这不是指的同样的东西吗"和"这不是指的同样的东西又是指的什么呢"这两种说法中任选一种。例(5)、例(6)是在一个联合词组中把不同的格式杂糅在一起了。例(5)"有××两台、××三台"和"有两台××、三台××"这是两种不同的叙述事物数量的说法，不能把它们糅在一个联合词组里。此句宜采用"有两台××"格式，全句改为：

(7) 我们村里现有两台中型拖拉机、三台手扶拖拉机、十台电动机、五台水泵、三台电动脱粒机、一台柴油机以及两台插秧机、四辆胶轮车等。

例(6)把"憋气、换气"和"怎样划水、怎样蹬腿"掺杂在一起很不合适。宜改为"……教我怎样憋气、怎样换气、怎样划水、怎样蹬腿"。

下面我们再列举一些常见的杂糅格式：

① 关键在于……
　　……起决定作用
　　→ * 关键在于……起决定作用

② 目的是……
　　以……为目的的
　　→ * 目的是……为目的的

③ 是为了……
　　是以……为目的的
　　→ * 是为了……为目的的

④ 他的死是为了……
　　他是为了……而死的
　　→ * 他的死是为了……而死的

⑤ 以……为宜
　　……即可
　　→ * 以……即可

⑥ 是由……决定的
　　是出于……
　　→ * 是出于……决定的

⑦ 本着……原则
　　以……为原则
　　→ * 本着……为原则

⑧ ××的特点是……
　　××有……独到之处
　　→ * ××的特点是……独到之处

⑨ 深受……的欢迎
　　深为……所欢迎
　　→ * 深受……所欢迎

⑩ 听到……噩耗

　……噩耗传来

　→ ＊听到……噩耗传来

⑪ 奔向……

　向……奔去

　→ ＊奔向……奔去

⑫ 以……为幌子

　打着……的幌子

　→ ＊打着……为幌子

⑬ 以……为名

　借口……

　→ ＊借口……为名

⑭ 经过……

　在……下

　→ ＊经过……下

⑮ 对于(关于)……问题，……

　在……问题上，……

　→ ＊对于(关于)……问题上，……

⑯ 由于……的领导(帮助)

　在……的领导(帮助)下

　→ ＊由于……的领导(帮助)下

（二）前后该用同一种句式而杂用不同句式

前后两个分句该用同一种句式而杂用了两种不同的句式，也是一种杂糅的现象。例如：

(8) ＊我去采访的时候，学校正进行大扫除，同学们有的扫地，有的刷墙，有的擦玻璃窗，也有在操场上拔草的。

(9) ＊他是一个典型的"说话的巨人，行动的矮子"。干起事来，他比谁都说得动听，可是做得比谁都差。

"有的……，有的……"这是一种分述的句式，"有……的，有……的"这是又一种分述的句式。例(8)把这两种句式混用在一个复句里了。最后的那个分句应改为"还有的在操场上拔草"。例(9)前面用"比谁都说得动听"，后面用"做得比谁都差",前后不相称。如保留前面的说法,后一分句应改为"可是比谁都做得差";如保留后面的说法,前一分句应改为"说得比谁都动听"。下面一例也是犯同样的毛病:

(10) *在汉语里,作主语的成分可以是名词,动词、形容词也能充任。

这个句子,孤立地看各个分句,没毛病;前后联系起来看,就显得不妥了。既然上文说"作主语的成分可以是名词",下文应顺着上文,说"也可以是动词、形容词",可是作者忽然改换说法,致使句子语气脱节,让人读着感到别扭。此句可改为:

(11) 在汉语里,作主语的成分可以是名词,也可以是动词、形容词。

或改为:

(12) 在汉语里,名词可以充任主语,动词、形容词也能充任主语。

(三) 本应分开说的两句话人为地糅在一起

这是杂糅的另一种情况。例如:

(13) *作为一个翻译工作者,一方面要学好外语,一方面要学好本民族语言也是非常重要的。

(14) *当上级决定把这次摄影任务交给我们时,我们立刻产生一种非常光荣的感觉真是难以形容。

这两个例子是把本来应该分开说的两句话"焊接"在一起,硬凑成一句了。例(13)应在"要学好本民族语言"之后点断,后面另立一个分句"这也是非常重要的"。例(14)也要分成两句话:"当……时,我们立刻产生一种非常光荣的感觉。这种感觉真是难以形容。"

写作中不留神,把标点符号丢了,也会造成类似的毛病。例如:

(15) *他的名字叫张慧芳在牡丹电视机厂工作。

(16) *堂屋的左边是书房大约有十平方米。

例(15)在"张慧芳"后面加上逗号(,),例(16)在"书房"后面加上逗号(,),这样就都没有毛病了。

五、指代不明

在说话写作中,运用代词既可以避免重复啰唆,又能保证语言的连贯性。运用代词必须做到指代明确无误。指代不明是写作中又一种常见的语法错误。造成指代不明的情况有多种原因:

(一)前词语在文中没有出现或没有说清楚而用了代词

句子里要用到除第一、第二人称代词(如"你、你们、我、我们、咱们")以外的代词时,必须先出现"前词语"。所谓前词语就是指代词所替代的词语。例如:

(1)女人就又坐在席子上。她望着丈夫的脸,她看出他的脸有些红胀,说话也有些气喘。(孙犁《荷花淀》)

(2)荔枝林深处,隐隐露出一角白屋,那就是温泉公社的养蜂场,却起了个有趣的名儿,叫"蜜蜂大厦"。(杨朔《荔枝蜜》)

例(1)"女人"是代词"她"的前词语,"丈夫"是代词"他"的前词语。例(2)"白屋"是指示代词"那"的前词语。如果前词语在文中没有出现或没有说清楚而运用了代词,便会造成指代不明的毛病。例如:

(3)*编辑同志:你们转来的信我都看了,意见提得很中肯,在此我感谢他们指出了我的疏忽之处,纠正了我的错误。

(4)*同志之间,特别是领导干部之间有了意见,应开诚布公地摆到桌面上来,否则,这将不利于团结,不利于工作。

(5)*玉芹这孩子很喜欢看小说,不管是古代的现代的,中国的外国的,都爱看,进了阅览室可以坐一个上午,希望王老师从这方面对她多加指教帮助。

例(3)"他们"指谁?看来是指写信提意见的人,但在文中并未交代。宜将"转来的信"改为"转来的读者来信",使"他们"的前词语"读者"在上文出现。例(4)"这"指代什么?没着落。这里的"这"完全是多余的,应删去。例(5)按说"这方面"应该是指玉芹在看小说方面的缺点或不足之处,但上文并未提到,这就使"这方面"所指不清楚。前面应补上指明"这方面"具体内容的前词语。

(二) 前词语和代词的位置摆得不当

有时,前词语在文中出现了,但是前词语和代词的位置摆得不当,也会造成指代不明的毛病。例如:

(6) *一天,她在火车站里被沙皇暗探发觉了,母亲在被捕之前,迅速打开皮箱,把所有传单散发给了大家。

例(6)会让读者误认为"她"和"母亲"是两个人,其实是指一个人。应该前面用"母亲",后面用"她"来指代。

(三) 用相同的代词指代不同的对象

在同一个句子或同一段话里,用几个相同的代词来指代不同的对象。这是最常见的指代不明的毛病。下面是这方面的两个典型病例:

(7) *梅厂长不知道怎样答复为好,他$_1$不敢让韩云程发言,因为万一他$_2$说出原棉的秘密,那不是全被揭穿了吗?徐总经理看出他$_3$难于应付,他$_4$知道他$_5$被俞静文将了军。这时候除了冒险没有第二个办法了。因为如果不让韩工程师发言,本身就暴露了其中必有问题,只有鼓励他$_6$说话,才有可能挽回这难堪的局面。他$_7$给韩工程师做好了答案……

(8) *阿牟依纳一路上唱个不停,见什么唱什么,简直"出口成歌"。当他$_1$把我们领到黑龙潭时,看到有位同志正和他$_2$爱人并排坐在潭边观鱼,于是这又成了他$_3$歌唱的好材料。

例(7)一共用了七个"他",分别交叉指代梅厂长、韩云程和徐总经理。读者读着感到费劲,要来回细细地捉摸,才能搞清每个"他"之所指。这样的文字是很要不得的。第二个"他$_2$"可删去,第三个"他$_3$"宜改用"梅厂长",那第四个"他$_4$"也宜删去,第七个"他$_7$"改用"徐总经理"为宜。例(8)后一个句子里用了三个"他"。第一个和第三个"他"是清楚的,是指"阿牟依纳";第二个"他$_2$"所指不清楚,要念完整个句子才知道是指看到的那位"同志"。这第二个"他$_2$",如果不删去,意思含混不清;如果删去,不符合"爱人"一词的用法("爱人"不单用,得附有领属性定语)。宜将"有位同志正和他爱人"干脆改为"有一对情侣",全句干脆改为:

(9) 阿牟依纳一路上唱个不停,见什么唱什么,简直"出口成歌"。当他把我们领到黑龙潭时,看到有一对情侣并排坐在潭边观鱼,于是这又成了他歌唱的好材料。

下面是同类的病例：

(10) ＊万名娣和吕福秀要说的话不多，她$_1$也不愿意这样无聊地应付她$_2$；吕福秀是带着憎恨和报复情绪来的，必要时她$_3$准备给她$_4$一个难堪。

(11) ＊那位瘦瘦的女看守说来也奇怪，她$_1$似乎听这位女人的话。她$_2$支使她$_3$，她$_4$差不多都能瞒过其他警卫和看守照着去办。

(12) ＊今年陈宏明教授在中文信息处理上取得了突破性的进展，这有力地支持了俞广忠教授承担自己的国家重点科研项目。

例(10)"她$_1$"删掉，补上"而且"，"她$_4$"宜改用"万名娣"。例(11)将"她$_2$"换成"这位女人"。例(12)"自己"用得很不恰当。从语法上说，"自己"可以复指"陈宏明教授"。可是这一来好像俞广忠教授承担的是陈宏明教授的科研项目了，从报道看这与事实不符；"自己"也可以复指"俞广忠教授"，然而从表达的角度说，这个"自己"完全没有必要，应该删去。

(四) 可看作前词语的词不止一个而代词只有一个

句子虽只出现一个代词，但是由于前面可被看作前词语的成分不止一个，因此也可以造成指代不明。这种毛病也较为普遍。例如：

(13) ＊天刚拂晓，联军部队急行军赶到了卡萨布莱桥，守在桥东头的两个团的敌人惊恐万状，他们立即抢修工事，组织好队伍，准备强夺卡萨布莱桥。

(14) ＊最近一段时间，三年级有些学生出现呕吐、腹泻的症状，有些学生又出现了注意力不集中、头昏、失眠等神经衰弱症状，究其原因是多方面的，而最主要的问题是普遍不注意饮食卫生。

例(13)"他们"是指代"联军部队"呢，还是指代"敌人"？要读到最后一个分句，才知道是指代"联军部队"。这里的"他们"宜改为"联军指战员"。例(14)"其"是个文言代词，在句中它指什么？是指代"出现呕吐、腹泻的症状"呢，还是指代"出现了……神经衰弱症状"呢？很不清楚。从最后一个分句内容看，这个"其"像是用来指代"出现呕吐、腹泻的症状"的，但从句子组织上看，"其"和它指代的成分离得太远。这个句子结构比较乱，应该重新组织，改为：

(15) 最近一段时间,三年级有些学生出现呕吐、腹泻的症状,究其原因主要是普遍不注意饮食卫生。最近又有一些学生出现了注意力不集中、头昏、失眠等神经衰弱症状,这跟学习负担过重有关。

再如:

(16) ＊西晋"八王之乱"到底是晋武帝因大封同姓诸王,建立了许多王国造成的呢,还是晋武帝在世时安排的王位继承人及辅政大臣不得其人造成的呢?从一些历史记载看,并不是这样。

例(16)句末的"这样"到底指代哪一种情况呢?是仅指前一种情况,还是仅指后一种情况,还是合指二者呢?读者是不能从这一问一答中获得明确的结论的,这只有作者自己心里才明白。就全文意思看,作者认为不能简单地下结论。既然如此,句末这个代词"这样"就用得很不合适,得换用另外的说法。

错用代词,如该用"他"而写成了"她",该用表示单数的代词而用了表示复数的代词,也会造成指代不明,但这多半是由于笔误造成的,不属于语法上的问题,这里不加赘述了。

六、数量表达混乱

数量表达混乱,也是常见的一种语法错误。

(一)讲数量减少使用倍数说法

在讲到数量减少时用了倍数的说法,这是数量表达中最常见的毛病。例如:

(1) ＊由于加强并改善了交通管理,广泛开展了"防事故,保安全"的宣传教育活动,今年本市交通事故只发生了五十七起,比去年同期减少了将近一倍。

"本市"去年发生了多少起交通事故?光凭这个句子所提供的数据是推算不出来的。好在"防事故,保安全"的宣传材料中曾有过透露,说去年"本市"发生了118起交通事故。可见,例(1)的表达法很不恰当。应将"减少了将近一倍"改为"减少了将近一半"。这里需要注意的是,说数量增加多少也好,说数量减少多少也好,指的都是差额,而差额都要以原来的数量作为基准。

因此,讲到数量增加时,可以用分数,也可以用倍数;而讲到数量减少时,只能用分数,决不能用倍数。有的人所以会犯错误,就在于讲差额时以减少后的数量作为标准了。下面的例句都犯了同样的毛病。

(2) *沈阳粮食公司的职工研究出先进的保管方法,囤粮用的席子比过去节省了将近一倍。

(3) *我们的语文教材比几个主要国家的同类教材几乎少好几倍。

(4) *这就是说,质量如太阳大小的恒星,它的半径如果从目前的七十万公里缩小到三公里,即缩小二十多万倍,就要演变为黑洞。

(5) *据说现在新闻文稿一般都采用机器翻译,这比人工翻译便宜五倍。

例(2)"节省"也是减少的意思,应将"节省将近一倍"改为"节省了将近一半"(或"节省了将近二分之一")。例(3)原本的意思是要说"几个主要国家的语文教材比我们多好几倍",现在用了"比……少好几倍"的说法就很不合适了。要知道,"甲比乙多三倍",不能反过来说成"乙比甲少三倍"。例(3)就犯了这个毛病。例(3)全句宜改为:

(6) 我们的语文教材比几个主要国家的同类教材要少得多,几乎只及人家的几分之一。

例(4)犯的是同样的毛病。宜将"缩小二十多万倍"改为"只为原来的二十多万分之一"。例(5)"便宜五倍"到底便宜了多少,叫人费解。

(二) 混淆含义不同的数量表达法

说明数量上的增减可有两种说法:一是说增减了多少;一是说增减到多少。这两种说法所指内容是不同的。前者是指明增减的那部分数量,后者是指明增减以后的实有数量。混淆这两种不同的说法,也是数量表达中常见的毛病。例如:

(7) *今年蚌埠站已提前140天完成了全年集装箱运输2万吨的计划,与去年相比,提高到50%。

(8) *中学民办教师原来全省只有二千二百多人,现在则有七万一千七百多人,增加了三十二点六倍。

(9) *郊区菜地面积不断减少,也是蔬菜供应紧张的一个原因。据金刚、张北、花台三个大队报告,他们原有菜地二百四十多亩,由于市城建局频频征用土地,两年来减少到八十来亩,现在菜地面积只为原来的三分之二。

例(7)既然是提前140天完成了全年计划,显然不会是"提高到50%",应将"到"删去。例(8)七万一千七百多人当是二千二百多人的32.6倍。"增加了三十二点六倍"的说法显然是错误的。或将"增加了三十二点六倍"改为"增加了三十一点六倍",或将最后一个分句改为"是原来的三十二点六倍"。例(9)按"减少到八十来亩"的说法计算,现有菜地面积只有原来的三分之一;按"现有菜地面积只为原来的三分之二"的说法算,两年来菜地应是减少到一百六十多亩。看来百分数是可靠的,"减少到……"的说法出了毛病。应将"到"改为"了"。

"甲比乙大三倍"和"甲为乙的四倍",说法不同,意思一样。常常有人把这两种说法混起来,说成"甲比乙大四倍"。这也是数量表达上的一种毛病。例如:

(10) *木星绕太阳公转一次,约需十二年,比地球上的一岁大十二倍。

(11) *由于城镇集市贸易进一步活跃,长短途贩运人员日益增多,客运量急剧增加。拿沪宁线上的××站来说,以往每日客运量只有七八千人,现在每日二万多人,比以往多三倍。

(12) *鱼虾的价格涨得更惊人,二十世纪八十年代初,螃蟹每斤只卖三元多,现在涨到一百二十多元一斤,价格比过去高四十倍。

例(10)应改为"大十一倍"。例(11)或改为"比以往多两倍",或改为"是以往的三倍"。例(12)或改为"价格比过去高三十九倍",或改为"价格为过去的四十倍"。

(三) 滥用"超过计划的百分之多少"的说法

"超过计划的百分之多少"这类说法是有歧义的。因为由"超过"带上数量宾语所形成的述宾词组本身就是一个有歧义的格式。例如,"超过六个",那"六个"可以理解为超出的数量,例如:"我们每人每天定量二十个,小李今天超过六个。"这实际是说小李今天完成了二十六个。那"六个"也可以理解为是被超过的数量。例如:"定额并不高,只要求每人每天编十个筐。可是小李哪一天都完不成任务,能超过六个,就算不错了。"这就是说小李每天至多只能编七八个。

"超过计划的百分之多少"实际就是上述的述宾词组。假定年计划为

60 吨，那么"年计划的百分之四十"，就是 24 吨。而"超过 24 吨"的说法本身是有歧义的。不少人不了解这一点，滥用"超过计划的百分之多少"这一说法，造成数量表达模糊的毛病。例如：

（13）＊一车间去年的产量超过年度计划的百分之九十，是全厂完成生产任务最好的一个车间。

一车间的年度生产计划到底完成了没有？就这个句子本身无法判断。如果全厂完成任务的情况都很好，那么一车间当然是大大超产了；如果全厂完成计划的情况不怎么好，那么一车间在全厂虽名列前茅，也还是个没有完成生产计划的车间。再例如：

（14）＊今年元旦，永安矿务局夺得开门红，生产原煤二千五百六十多吨，超过日产量的两倍。

永安矿务局肯定是超产了。但是"超过日产量的两倍"本身是有歧义的，而文章没有交代日产量是多少，所以元旦那天的产量比原定的日产量具体超过多少？读者还是可以作两种理解。因此，这类格式使用时要谨慎。只有在不致产生歧义的情况下，才可以使用这种格式。例如：

（15）煤炭工业传来捷报，今年一月份产量超过了去年十二月的百分之十。

例(15)就没有问题，因为前面已经说明是捷报，所以"超过去年十二月的百分之十"不会引起误解，不会误解为今年一月份的产量只是比去年 12 月份的产量的百分之十多一点儿。不过最好还是采用"超额（产）百分之多少"的说法。上例也可以用"比去年十二月超产百分之十"的说法。

七、检查语法错误的两种方法

在写作中出现语法错误，大凡有两个原因，一是语文修养不高，二是疏忽大意。我们写一篇文章，写一篇新闻报道，写一个年度总结，或写一个调查报告等，不可能写一句就来考虑一下自己写的句子有没有语法毛病，一般总是先把自己想好的内容写下来，然后作多次修改润色，最后定稿。所以前辈学者常告诫我们说："文章不是写出来的，是改出来的。"初稿难免会出现这样那样的语病。在修改润色的过程中，有些明显的语法错误，很容易发现和改正；有些语法错误不容易一下子发现，需要作一番分析后才能发现和把握。这大致有两种情况,一是句子较长,或是句子内部包含长而复杂的附加成分,或是包含好些分句;一是错误比较隐晦,似是而非。为了帮助大家对付上述两种情况的语法错误,我们在这里向大家介绍由著名语言学家朱德熙先生所提出的两种检查语法错误的方法——紧缩法和类比法。

(一) 紧缩法

一个句子如果比较长,有了语法毛病,不太容易发现问题在哪里。句子就好像一棵树。树有主干,有枝叶,枝叶纷繁茂盛,就不容易看清主干。句子也有"主干"和"枝叶","主干"就是句子的基本成分,如主语里的核心名词、谓语里的核心动词以及宾语里的核心名词等;"枝叶"就是种种修饰、补充性的成分,包括定语、状语、补语等。修饰、补充性的成分多了,句子的基本结构就不容易一下子看清楚,有了语法错误也就不容易发现。这时我们可以用紧缩法来加以检查。例如:

(1) *现在,我又看到了那从小住惯了的用山区特有的石板和茅草盖成的小屋子,那阔别多年的乡亲,那熟悉可爱的乡音,那胶东人特有的幽默而爽朗的笑声。

这个句子的毛病就不容易一下子发现,因为修饰成分太多。我们在分析这个病句时,就可以用紧缩法。把"枝叶"去掉些,毛病立刻显露出来了。请看:

(2) *我又看到了……小屋子,……乡亲,……乡音,……笑声。

"乡音"和"笑声"怎么能看到呢?再分析几个实例:

(3) *福缘小区的广大居民,在居委会的领导组织下,在园林工人的协助下,经过三年奋战,一共新增了两万多棵槐树,变得更加郁郁葱葱。

(4) *全体方正科技人员和工作人员,在北大校领导的关心下,在王选教授亲自主持和带领下,在北大各相关系科的协助下,在有关单位的密切配合下,经过多年的紧张劳动,我国终于研制出了世界第一个汉字彩色照排系统。

例(3)要是去掉一些修饰成分,如定语"福缘小区的""广大",状语"在……下""经过……""一共""更加"等,句子就紧缩为:

(5) *居民……新增了两万多棵槐树,变得郁郁葱葱。

一紧缩,就会发现这个句子犯了主语与谓语不搭配的毛病。应将"新增"改为"新栽",并在最后一个分句头上加上"使小区"三个字,全句改为:

(6) 福缘小区的广大居民,在居委会的领导组织下,在园林工人的协助下,经过三年奋战,一共新栽了两万多棵槐树,使小区变得更加郁郁葱葱。

例(4)如将"枝叶",特别是状语成分都去掉,紧缩为:

(7) *全体方正科技人员和工作人员,我国研制出了汉字彩色照排系统。

一眼就能看出,句子显然不通。原句由于修饰成分太多,作者写到后边忘了前面已经有个主语"全体方正科技人员和工作人员",在修饰成分写完后又引出了一个新的主语"我国",使原先的主语没着落了。可以这样修改:还让"全体方正科技人员和工作人员"作全句主语,将"终于"挪至"我国"的前面,在"我国"前加一个介词"为"。整个句子改为:

(8) 全体方正科技人员和工作人员,在北大校领导的关心下,在王选教授亲自主持和带领下,在北大各相关系科的协助下,在有关单位的密切配合下,经过多年的紧张劳动,终于为我国研制出了世界第一个汉字彩色照排系统。

有时,毛病不是出在"主干"上,而是出在"枝叶"上。这也可以通过紧缩法来加以检查。例如:

(9) *我一点儿也不怀疑他们有为完成这项高科技研究任务的决心。

这个句子,可以紧缩为:

(10) 我不怀疑他们有……决心。

这没有语法错误。问题可能出在"决心"的定语上。将定语"为完成这项高科技研究任务的"再紧缩一下:为完成任务的。可以看出,这个定语显然有问题。这里的"为"是介词,"完成任务"是作介词"为"的宾语。由"为"组成的介词结构不能带"的"作定语。可以有多种改法:一是将介词"为"删去,全句改为:

(11) 我一点儿也不怀疑他们有完成这项高科技研究任务的决心。

二是在"为完成……"后加"而奋斗"三个字,全句改为:

（12）我一点儿也不怀疑他们有为完成这项高科技研究任务而奋斗的决心。

三是在介词"为"后添加"祖国"或"国家"等名词，让它作介词"为"的宾语，而介词结构"为祖国/国家"作"完成任务"的状语，全句改为：

（13）我一点儿也不怀疑他们有为祖国/国家完成这项高科技研究任务的决心。

运用紧缩法要注意两点：

第一，紧缩的时候，要注意保持原句子的基本结构，换句话说，不能破坏原句子的基本结构。

第二，某些修饰成分去掉后，会影响句子的原意，明显的如否定词语删去后，意思必然会跟原句相反。所以，紧缩时，对于那些会严重影响原句意思的修饰成分还得适当保留。

（二）类比法

有些病句一下子看不准，似是而非。碰到这种情况可以用类比法来检查。具体说，当怀疑一个句子有语法毛病时，可以按所怀疑的句子的格式仿造一些句子，看那些仿造的句子站得住站不住。例如：

（14）*他默默凝视着墙上悬挂着世界著名画家梵·高的画像。

这个句子读着有点儿别扭。但由于这个句子从内容到用词都不是口语里常说的，到底能说不能说，一时不好判断。那我们就可以按这个书面语句子仿造一些稍微口语化的句子：

（15）*他仔细地瞧着我胸前佩戴着北京大学的校徽。
    *我低声地读着墙上张贴着布告。
    *那小女孩儿专心地数着树上结着苹果。
    *我好奇地看着报上刊登着广告。
    *我专心地听着电视里播讲着故事。

上面这些句子，一读就会感觉到它们都站不住。如果把句子里第二个"着"改为"的"，就都能说了。请看：

（16）他仔细地瞧着我胸前佩戴的北京大学的校徽。
    我低声地读着墙上张贴的布告。

那小女孩儿专心地数着树上结的苹果。

我好奇地看着报上刊登的广告。

我专心地听着电视里播讲的故事。

这样,我们就可以断定例(14)确实是个病句,也应把句中的第二个"着"改为"的"。

运用类比法要注意这样两点:第一,仿造的句子应力求跟原句的句子格式一样;第二,仿造的句子尽可能是日常生活中常说的话。

练 习

一、指出并改正下列各句的语法错误。

1. 解放军战士雷锋,全心全意为人民服务,在短暂的一生中帮助了无数的人;他的好思想、好品德,永远是我们学习的榜样。
2. 我市各单位首批赴北京参观的代表,均由先进生产者组成。
3. 学校办得好不好,取决于学校领导强烈的事业心。
4. 如果采用全自动控制和组合生产,产量和质量该提高多少倍啊!
5. 我们要采取有力措施,扩大和加快各类学校发展的规模和速度。
6. 眼看着这动人的场面和丰收的喜讯,怎么不叫人高兴呢?
7. 这个经验值得文教工作者特别是中小学教师的重视。
8. 这幅画难道不正寓意文艺工作者在浓墨重彩地描绘我们生气勃勃的春天吗?
9. 人们都以亲切的目光倾听着他发言。
10. 这些人入党后,从未经过严峻的考验和审查。
11. 作家亲身经历了战火的洗礼,与人民大众有较多的接触和了解。
12. 蜜蜂酿造一斤蜜,大约要采五十万朵左右的花粉。
13. 看了华山抢险英雄事迹的报道,令人十分感动。
14. 从这个事实说明,我们的企业管理还存在不少问题。
15. 这以后,谢文华已受伤致残,但仍强迫他干重活。
16. 观众将拭目以待你的新角色。
17. 当民族危急的关头,只有人民才能担当拯救民族危亡的命运。
18. 他们游览了我国的佛教圣地灵隐寺和宋代民族英雄岳飞墓。
19. 由于采购员能合理使用资金,促使品种不断增加。

20. 贵州的回民,大多是清末从云南因杜文秀起义失败后移入的。
21. 他"朝为工,夜习画",说明他对艺术的饥渴与勤奋。
22. 高粱和玉米在小苗苗时不大好分辨,起码对城里人来说是这样,待长大以后,一个从旁边长出了绿棒儿,一个在头上长出了红穗儿。
23. 他们姐妹俩从小就爱生病,姐姐不是发烧了,就是妹妹咳嗽了。
24. 如果我把课不教好,怎么对得起广大同学呢?
25. 鲁迅的小说《阿Q正传》对大家是很熟悉的。
26. 他们本着保证价廉物美为原则,使用了新的工艺和新的操作技术。
27. 水的化学成分是一个原子的氧和两个原子的氢化合而成。
28. 你现在不好好学习,胡作非为,请想想将会出现怎样的后果是不言而喻的了。
29. 一到地里,大家就忙开了,割麦的割麦,捆麦的捆麦,也有的装车。
30. 运水来自海边,在那独特的环境里,养成了他素朴的性格,鲁迅初次见到,给他留下了很深的印象,后来在文章中时常说到,是很自然的了。
31. 卢嘉川知道敌人如果真正得到了他们的名单,便不会同他这么费劲了,正因为他不知道,所以他说"知道了"。
32. 今年一季度,蓝苹公司用公款招待的费用显著下降,比去年同期减少了五倍。

二、运用检查语法错误的两种方法,指出并改正下面这个句子的语法毛病。

＊你把这几天各位专家就国企改革、实行股份制等问题所提出的种种观点应该好好归纳一下。

北京大学出版社语言学教材方阵

博雅 21 世纪汉语言专业规划教材:专业基础教材系列

现代汉语(上)　黄伯荣、李炜主编
现代汉语(下)　黄伯荣、李炜主编
现代汉语学习参考　黄伯荣、李炜主编
语言学纲要(修订版)　叶蜚声、徐通锵著,王洪君、李娟修订
语言学纲要(修订版)学习指导书　王洪君等编著
古代汉语　邵永海主编(即出)
古代汉语阅读文选　邵永海主编(即出)
古代汉语常识　邵永海主编(即出)

博雅 21 世纪汉语言专业规划教材:专业方向基础教材系列

语音学教程(增订版)　林焘、王理嘉著,王韫佳、王理嘉增订
实验语音学基础教程　孔江平编著(即出)
词汇学教程　周荐著(即出)
简明实用汉语语法教程(第二版)　马真著
当代语法学教程　熊仲儒著
修辞学教程(修订版)　陈汝东著
汉语方言学基础教程　李小凡、项梦冰编著
新编语义学概要(修订版)　伍谦光编著
语用学教程(第二版)　索振羽编著
语言类型学教程　陆丙甫、金立鑫主编(即出)
新编社会语言学概论　祝畹瑾主编
计算语言学教程　詹卫东编著(即出)
音韵学教程(第四版)　唐作藩著
音韵学教程学习指导书　唐作藩、邱克威编著
训诂学教程(第三版)　许威汉著
校勘学教程　管锡华著

文字学教程　喻遂生著
文化语言学教程　戴昭铭著(即出)
历史句法学教程　董秀芳著(即出)
汉语韵律语法教程　冯胜利、王丽娟著(即出)

博雅21世纪汉语言专业规划教材：专题研究教材系列

现代汉语语法研究教程(第四版)　陆俭明著
汉语语法专题研究(增订版)　邵敬敏等著
现代汉语词汇(第二版)　符淮青著(即出)
新编语用学概论　何自然、冉永平编著
现代实用汉语修辞(修订版)　李庆荣编著
汉语语音史教程　唐作藩著
近代汉语研究概要　蒋绍愚著
汉语白话史　徐时仪著
说文解字通论　黄天树著
实验语音学概要(增订版)　鲍怀翘、林茂灿主编
外国语言学简史　李娟编著(即出)
甲骨文选读　喻遂生编著(即出)
商周金文选读　喻遂生编著(即出)
音韵学讲义　丁邦新著(即出)

博雅汉译西方语言学教材名著系列

语言引论(第八版)　弗罗姆·金等著,沈家煊等译(即出)
语音学教程(第七版)　彼得·赖福吉等著,张维佳译(即出)
方言学教程(第二版)　J.K.钱伯斯等著,吴可颖译(即出)